Mediação
e o Reconhecimento da Pessoa

Guilherme Assis de Almeida

Mediação
e o Reconhecimento da Pessoa

São Paulo
2019

Editor: Fabio Humberg
Capa e Projeto gráfico: Alejandro Uribe
Revisão: Humberto Grenes

Dados Internacionais de Catalogação na Publicação (CIP)
(Câmara Brasileira do Livro, SP, Brasil)

Almeida, Guilherme Assis de
Mediação e o reconhecimento da pessoa / Guilherme
Assis de Almeida. -- São Paulo : Editora CLA
Cultural, 2019.

Bibliografia.
ISBN 978-85-85454-99-9

1. Conciliação 2. Direitos humanos 3. Estado de
Direito 4. Mediação 5. Reconhecimento 6. Solução de
conflitos (Direito) I. Título..

19-24499   CDU-342.7

Índices para catálogo sistemático:

1. Mediação : Reconhecimento da pessoa : Direito
342.7

(Cibele Maria Dias - Bibliotecária - CRB-8/9427)

Editora CL-A Cultural Ltda.
Tel: (11) 3766-9015
editoracla@editoracla.com.br
www.editoracla.com.br

Livro disponível também no formato e-book.

Para
Maria Selma Ribeiro de Assis de Almeida
(minha mãe):
com amor e gratidão

Índice

Apresentação:
- Adolfo Braga Neto 08

Prefácios:
- Beatriz Di Giorgi 12
- Branca Lescher 17

Introdução do autor 20

PARTE I: ACESSO À JUSTIÇA E ESFERAS DA JUSTIÇA PARA O RECONHECIMENTO 23
O devido processo legal 23
Acesso à justiça e Estado de Direito 24
Relatório *Acesso à justiça*, de Mauro Cappelletti e Bryan Garth 28
Acesso à justiça e direitos humanos no plano internacional 33
Legal Empowerment of the Poor (empoderamento legal do pobre) 36
A microjustiça 42
Acesso à justiça no Brasil 46
Por uma justiça coexistencial 51
Esferas da justiça para o reconhecimento 53

PARTE II: CONFLITOS INTERPESSOAIS, RECONHECIMENTO DA PESSOA E PROMOÇÃO DOS DIREITOS HUMANOS 57
A convivência em questão 57
Conflitos interpessoais e violência 58
Indivíduo e individualismo 65
Sujeito autônomo ou reconhecimento? 67
O Amor como dimensão do reconhecimento 69
O Direito como dimensão do reconhecimento 72

Mediação, Direitos Humanos e o reconhecimento 74

Emergência do sujeito, autorrespeito e violência 76

Acesso ao Direito 80

Mediação de coesão social e a emergência do sujeito 82

Reconhecimento da pessoa e
promoção dos Direitos Humanos 85

Mediação transformativa e o reconhecimento 88

Esferas da justiça para o reconhecimento da pessoa:
princípio e valor 88

TEXTOS COMPLEMENTARES

Artigo:
- Mediação, proteção local dos Direitos Humanos
  e prevenção da violência 93

Entrevistas:
- Goffredo Telles Jr. 117
- Flávio Vespasiano Di Giorgi 121
- Gustavo Alberto Corrêa Pinto 130

Prefácios:
- Por uma Justiça Doce: introdução ao livro *Mediação:
  uma experiência brasileira*, de Adolfo Braga Neto 141
- Prefácio ao livro *Justiça Juvenil Restaurativa e
  Novas Formas de Solução de Conflitos*, de Karyna
  Batista Sposato e Luciana Aboim Machado
  Gonçalves da Silva 144
- Justiça, diálogo e amor: apresentação do livro *Mediação
  familiar: a experiência da 3ª Vara de Família do Tatuapé*,
  organizado por Adolfo Braga Neto 148

Referências bibliográficas 153

Apresentação: O acesso à Justiça hoje

> A única promessa da mediação se constitui na capacidade de transformar a qualidade da interação, decorrente do conflito, com base na autodeterminação dos participantes, a partir do mútuo reconhecimento e do fortalecimento recíproco.[1]

As palavras constantes na frase acima, de Robert Bush e Joseph Folger, bem refletem a inspiração do Prof. Guilherme Assis de Almeida ao brindar o leitor com mais uma brilhante obra de seu vasto repertório. Composta de duas partes, a primeira oferece as marcas do autor em sua trajetória como entusiasta, estudioso e, por que não dizer, militante dos Direitos Humanos, ao percorrer grandes nomes que influenciaram e continuam a influenciar o pensamento atual relativo ao tema, cuja evolução no tempo de maneira muito simplista consiste no articular do ser humano pelo seu próprio reconhecimento como objeto de direitos. Já a segunda parte aponta caminhos para onde tem evoluído seu pensamento em direção à Mediação, método de transformação de conflitos cujo objetivo real e fundamental é o ser humano em toda a sua plenitude, que tenta resgatar a essência na transformação do conflito nas inter-relações entre seres humanos.

Leitura obrigatória para entusiastas, defensores e praticantes da Me-

---

1. BUSH, Robert A. Baruch; FOLGER, Joseph Patrick. *The Promise of Mediation*. São Francisco: Josey Bass, 2005.

diação e dos Direitos Humanos, o livro vai além desses temas. Aborda Reconhecimento, Reconhecimento da Pessoa, Direito, Objeto de Direito ou Direitos, Justiça, Empoderamento e muito mais. Convida a pensar e refletir, despertando o interesse do leitor desde o início. Inicia com a exposição franca de sua angústia com a pergunta "O que é Direito?", emblematicamente respondida pelo Prof. Goffredo Telles Jr. na oportuna entrevista anexada aos textos complementares do livro. O inesquecível Prof. Goffredo ressalta ser o Direito algo que acompanha a todos em todos os momentos da vida do ser humano. E da mesma forma coincide com o Prof. Guilherme, que preleciona serem os Direitos Humanos também companheiros permanentes do homem, desde seus primeiros passos normativos, após a Segunda Grande Guerra.

A propósito do conceito de Direito, o Prof. Guilherme, em suas reflexões e observações, acaba por oferecer sua visão sobre Justiça e o acesso a ela. Revela, através dos tempos e de diversos autores por ele citados, que seu conceito é um dos mais complexos, em razão dos infinitos componentes semânticos que a palavra Justiça comporta. Para muitos pensadores, a Justiça é um componente que se faz imprescindível para o viver, ou o melhor viver do próprio ser humano. Outros a concebem como elemento a ser buscado nas relações entre os seres humanos, necessitando estar definida para que possa ser mais bem identificada. E outros, ainda, consideram ser um componente do próprio ser humano, pressuposto de sua natureza.

Pensadores como Sócrates, Cícero, Hobbes, Kant, Kelsen, Leo Strauss, Norberto Bobbio e tantos outros coincidem com o texto do Prof. Guilherme ao apontarem a importância da voluntariedade, da liberdade, da igualdade, da felicidade e de outros valores associados à Justiça. São esses mesmos valores que constituem a estrutura da mediação, como bem menciona o autor em distintos trechos deste livro.

Por isso, impende enfatizar que a mediação responde e corresponde à virtude com a conotação de preocupação com o bem comum na transformação dos conflitos interpessoais. A palavra mediação tem sua origem no latim: *medius*, *medium*, que significa no meio. Muito embora o instituto proponha uma visão mais pós-moderna, na verdade, possui longo legado em culturas diferentes. Na antiga China, Confúcio[2] a incentivava, chamando a atenção das pessoas para o ambiente de antagonismo do litígio que as deixava irritadas. Em quase todas as culturas se reconhece a existência da mediação, com a utilização de um terceiro ser humano facilitador do diálogo entre pessoas envolvidas em disputas.

A mediação deve ser vista como um processo em que um terceiro imparcial e independente ajuda, em reuniões separadas ou conjuntas, as pessoas envolvidas em conflitos a promover um diálogo diferente daquele decorrente da interação existente por força do conflito, que quando existente promove perspectivas pessoais de fragilidade e autocentramento. O papel do terceiro é o de acompanhar e apoiar mudanças daquela interação, as quais naturalmente ocorrerão caso o diálogo diferente efetivamente ocorra, podendo ou não levar à criação de soluções que atendam a todos os envolvidos, bem como aos seus respectivos fortalecimentos e reconhecimento mútuo.

Dentre os elementos essenciais da mediação de conflitos, a autodeterminação dos participantes possui grande protagonismo, talvez o mais relevante, pois o caráter voluntário da mediação constitui-se na grande mola propulsora da atividade. Só existirá a mediação se as pessoas efetivamente quiserem dela fazer parte, buscando resgatar o respeito às individualidades e liberdade de todos. E, como salienta Luiz Alberto Warat[3], a mediação é um processo que recupera a sensibilidade, ainda que leve ao crescimento interior na transformação dos conflitos. A partir disto, promove-se o respeito mútuo às dife-

---

2. CONFÚCIO, *Os Analectos*. Tradução de D. C. Lau. São Paulo: L&PM, 2006.
3. WARAT, Luis Alberto. *Surfando na Pororoca – O ofício do mediador*. Florianópolis: Boiteux, 2004.

renças e o reconhecimento das limitações próprias e das perspectivas pessoais diferentes ou mesmo opostas, o que pode proporcionar a integração das visões individuais, terreno fértil para a responsabilidade que pavimentará de maneira robusta a possibilidade da construção de soluções.

Ao identificar as características da mediação, Braga Neto[4] enfatiza ser um método que transcende elementos estruturantes da realidade decorrente da modernidade, em que o conhecimento único se entrelaçava com outro ou outros, porém preservando suas linhas mestras. Na pós-modernidade tudo se integra e não há como enquadrar esse conhecimento sob um único olhar. Em outras palavras, mediação é direito e não é direito. É e não é sociologia. É e não é psicologia etc. No entanto, convém lembrar que não deixa de oferecer a possibilidade de acesso à justiça de maneira ampla, pois, como defende o Prof. Kazuo Watanabe[5], corroborando com o Prof. Guilherme, foi-se o tempo que este tema era estudado nos acanhados limites do acesso aos órgãos judiciais. Mediação é Justiça!

Adolfo Braga Neto

Advogado, mediador, árbitro, presidente do Conselho de Administração do IMAB – Instituto de Mediação e Arbitragem do Brasil e diretor do ISCT – Institute for Study of Conflict Transformation

Autor, coautor, organizador e colaborador de diversos livros sobre Mediação. Entre eles, *O que é Mediação de Conflitos* (Brasiliense, Coleção Primeiros Passos, 2007), *Mediação – uma experiência brasileira* (CLA, 2017) e *Mediação Familiar: a experiência da 3ª Vara de Família do Fórum do Tatuapé* (CLA, 2018)

---

4. BRAGA NETO, Adolfo. *Mediação – uma experiência brasileira*. São Paulo: CLA, 2017.
5. WATANABE, Kazuo. *Acesso à Ordem Jurídica Justa* (Conceito Atualizado de Acesso a Justiça). Processos Coletivos e outros estudos. Belo Horizonte: Del Rey, 2019.

Prefácio: Tempo de Mediação

Prefaciar este livro de Guilherme Assis de Almeida é um presente, em tempo em que nós, habitantes do planeta, estamos em fase aguda de transformação de costumes e de incertezas imensas.

Mediação e o Reconhecimento da Pessoa é sobre o tempo presente, em que as reflexões sobre temas importantes, emergentes e urgentes – como justiça, estado de direito, conflitos, violência, amor, comunicação etc. – se entrelaçam e ressignificam os interesses coletivos e as subjetividades numa perspectiva nova.

Guilherme promove um interessante diálogo com os conhecimentos jurídicos, filosóficos e a sabedoria acumulados na vida e apresenta para nós, leitores, a possibilidade de sermos cúmplices (cada qual com seu repertório e experiência) deste processo que é, por excelência, de comunicação. E, precisamente nesta perspectiva, reconhecemos e descobrimos a mediação como um conceito e uma prática que se identificam com a busca essencial, do sujeito autor e comunicador, ainda que de uma forma relativa e precária, pois é claro que o autor compreende que as questões que ele aponta não admitem resposta absoluta, são antes perguntas essenciais e existenciais.

Há muito tempo divido com Guilherme inquietações semelhantes sobre a existência e, principalmente, sobre a justiça. Em síntese, compartilho a intensa vontade de refletir e praticar modos mais felizes de conviver, assim ainda encontro comigo jovem e com minhas utopias de justiça, sobretudo com minhas perguntas e com o caminho que me trouxe até a mediação. Mediação que entendo como uma poderosa chave para alterar a forma hierárquica de conceber o mundo e a vida para a forma cooperativa, onde, grosso modo, podemos dizer que somos todos donos de nosso próprio nariz, não na perspectiva individualista, mas de relações adultas e responsáveis; mediação que o Guilherme trata e conceitua na perspectiva de uma prática de aperfeiçoamento da democracia, da justiça e que é assim pelo respeito e penetração na subjetividade humana como um valor aplicado ao Direito, que é por natureza coletivo. E assim é, sou mediadora há 10 anos e sócia, com alegria, nesta empreitada de Branca Lescher, que também prefacia este livro, e presencio, frequentemente, como a eleição (ou o súbito e inexplicável aparecimento) de uma palavra nunca antes usada para expressar determinada sensação nas sessões promove revoluções nas relações, pois envolve cliques de autoconhecimento e reconhecimento da importância de aspectos das relações de convivência esquecidos por aqueles que estão vivenciando a mediação de um conflito.

Além das reflexões autorais, este livro, dentre os textos complementares, conta com saborosas entrevistas: "Direito e Cultura", com Goffredo Telles Junior, "Direito, Amor e Humor", com o monge budista Gustavo Alberto Correa Pinto, e, também, a entrevista de que participei com Guilherme e minha irmã Miriam, "Direito e Comunicação", com Flávio Vespasiano Di Giorgi, meu saudoso pai, que nos explica que:

> *comunicare*, com o prefixo *co*, significa em comum, justo. Significa na verdade presentear e cumprir o compromisso, juntos. Recompensar e cumprir o compromisso. Me parece que aí estão dois elementos compreendidos no conceito de justiça. A justiça é de certa forma, uma certa compensação: você dar à pessoa o que é dela. Por outro lado, é o cumprimento de compromissos que estão nas relações de afeto, nas relações de trabalho.

O reencontro com esta entrevista me surpreendeu e não há como não me emocionar. Nos recôncavos da minha subjetividade a fala do meu pai de 30 anos atrás me soa profética e um verdadeiro presente, na medida em que reconheço a mediação, para qual posteriormente me encaminhei, na concepção de justiça e comunicação que ele traz.

A leitura do livro de Guilherme também me toca profundamente, quando ele relembra, na Introdução, que participamos juntos, ele, Branca Lescher e eu, no *stand* Juventude e Cidadania, em evento promovido pela Secretaria Municipal de Cultura de São Paulo, em 1989, para comemorar os duzentos anos da Revolução Francesa, espaço onde tivemos oportunidade de distribuir exemplares da Constituição de 1988, recém-promulgada, e divulgar as transformações nela contidas. Ao reviver esse evento, me veio imediatamente outra memória intensa: ao lado do *stand* que ocupávamos ficava o do grupo Tortura Nunca Mais, onde estava presente e atuante, durante todo o tempo, o então presidente daquela ONG, João Luiz de Moraes, um militar aposentado, pai de Sonia Stuart Angel, assassinada brutalmente durante a ditadura militar. O encontro com João Luiz foi impressionante e marcou-me para sempre. Restou para mim um vínculo com aquela pessoa, como se eu tivesse uma espécie de compromisso com a narrativa daquele homem, com seu sofrimento absurdo. Ele me relatou várias vezes as terríveis circunstâncias do homicídio de sua filha, que sofreu monstruosas torturas, estupro e, ainda, teve os seios arrancados antes de receber um tiro fatal na nuca, aos 27 anos. Eu tinha, à época, 24 anos, quase a idade em que Sonia foi assassinada.

Sonia foi assassinada em 1973, e João Moraes estava lá ao meu lado, 16 anos depois, cumprindo o compromisso: demonstrando sua impossibilidade de individualmente superar aquele luto terrível, na busca desesperada de superá-lo no âmbito coletivo. Era um pai tentando proteger sua filha, mesmo já morta, dos carrascos e que dizia para mim e para quem quisesse ouvir: "tortura nunca mais para que nenhum pai sinta a dor que sinto e nenhuma filha seja arrancada da vida deste jeito". Assisti a um homem atormentado tentando mediar o passado grotesco com uma esperança de futuro. E hoje, passados 30 anos, observamos o quão precários são os esforços meritórios e de entrega para a transformação coletiva; a história avança e recua, e assim caminhamos.

Por estes e outros motivos, o livro *Mediação e o Reconhecimento da Pessoa* fala para mim e para os leitores a partir de uma concepção alargada do nosso tempo como o tempo da justiça, o tempo do conhecimento, o tempo de amizade, o tempo em que cabe a mediação. Neste sentido, o livro oferece um passeio, uma revisita ao universo do Direito e da justiça e às infinitas possibilidades de questões que sugere. O livro nos convida a seguir Guilherme, que, como guia, proporciona a cada leitor (reconhecido por ele com o valor imenso e criativo de sua subjetividade) a redescoberta de palavras para reconhecermo-nos no contexto das relações humanas.

As reflexões apresentadas por Guilherme nos lembram de que mediar, ser um facilitador, um intermediário, é, sobretudo, ter consciência da precariedade do processo de conhecimento e reconhecimento. Em outras palavras, para mediar preciso saber mil vezes que o espaço físico e emocional onde atuo é um recorte mais ou menos representativo da realidade de acordo com a consistência e intensidade de subjetividades que elaboram e concebem esse espaço. Do mesmo modo, este livro toca minha subjetividade e, especialmente, remete-me todo o tempo à presença do pai, de tantos pais, de meu pai, do pai de Sonia e do pai simbólico, cuja ausência dificulta encontros e faz as mediações essenciais, como se depura do capítulo "O Amor como dimensão do reconhecimento", em que Guilherme pondera que "O 'amor' entre pai e filho não é apenas a primeira etapa da dimensão do reconhecimento, é o que dá o fundamento para todas as outras relações".

Ficamos, pois, mais ricos após a leitura deste livro para continuar perguntando e respondendo com novas palavras, ou novas combinações entre elas, à pergunta que traduz uma grande busca que partilho com o autor: o que é Direito? E tentamos responder com nova palavra a partir da perspectiva da coragem de enfrentar o desafio de dizer simples, pois, quanto mais simples dizemos e escutamos, mais a sabedoria se explicita. É isso que busca a mediação: facilitar descobertas de desejos e alívios de violência através do diálogo, da comunicação.

E, por fim, um aviso importante: este é um livro para ficar fora da estante, para ser lido e consultado muitas vezes, para ser sorvido e desvendado aos poucos, para que cada leitor depure suas perguntas e obtenha suas provisórias respostas em busca da felicidade, que só existe, como ideia e possibilidade, na comunhão entre o ser e a realidade, ambos dinâmicos.

Beatriz Di Giorgi

Advogada com atuação na área de família e civil (com ênfase na advocacia consultiva e extrajudicial)

Conciliadora e mediadora judicial e extrajudicial

Professora dos cursos da APAMECO – Academia Paulista de Mediação e Conciliação

Autora ou coautora de diversos livros e artigos, entre os quais "Um olhar sobre a sororidade", publicado em *Feminismo, Pluralismo e Democracia* (LTr, 2018)

Prefácio: Três amigos trinta anos depois: os mesmos sonhos de então!

Guilherme Assis de Almeida representou logo no início da minha vida profissional um alívio, uma sorte.

Nosso encontro foi sempre recheado de poesia, filosofia e muito bom humor. Com Guilherme pude falar sem medo ou constrangimento dos meus valores, dos meus ideais. A Beatriz, que já era amiga do Guilherme, conheci no dia do vestibular ainda na Faap, quando prestamos Comunicação Social.

Após um ano de curso decidimos – Beatriz e eu – prestar vestibular na PUC para Direito; desde lá e sempre, o objetivo de estudar Direito esteve atrelado aos direitos humanos, à ideia da cidadania, da ética e de tentar fazer do mundo um lugar melhor.

Estávamos no quarto ano da faculdade quando a Constituição foi promulgada. O art. 5º da Constituição era a síntese do que pensávamos, e acreditamos que a democracia brasileira estava ali protegida. Éramos jovens, idealistas e talvez um pouco ingênuos, como somos até hoje. Juntos, Guilherme, Beatriz e eu organizamos, durante o evento que estava ocorrendo no Centro Cultural São Paulo, em comemoração aos 200 anos da Revolução Francesa, um *stand* em defesa da Cidadania, fizemos o *"kit* Cidadania" e distribuímos 1.500 Constituições às pessoas que foram ao local, durante o evento.

Nos perdemos de vista até que convidei o Guilherme, já doutor em Filosofia do Direito, para fazer parte da minha banca de mestrado em 2002. Minha admiração por ele só cresceu ao longo dos anos. Utilizava seus livros nas aulas que ministrava na PUC/São Paulo, como auxiliar de ensino na disciplina de Introdução ao Estudo do Direito.

Minha dissertação de mestrado, *A Torá como fonte do direito*, foi publicada em 2005 e pude contar com a simpática apresentação do Guilherme na primeira edição da obra.

Pois bem. Fiquei comovida com o convite para prefaciar o livro que ora estamos conhecendo. Sou mediadora desde 2002 e posso dizer que minha vida profissional desde então foi muito mais feliz, um pouco como quando conheci Guilherme, um alívio, uma sorte.

Ser mediadora, mediar conflitos, facilitar a comunicação das partes não é tarefa fácil. Como no contencioso, a humildade é regra para que o mediador possa exercer seu labor. Saber ouvir, esforçar-se para deixar os próprios valores de lado, dar voz às partes é tremendamente gratificante e um esforço contínuo e diário. O principal, acredito, é não ser vaidoso, arrogante e parcial, principalmente dar espaço às pessoas a fim de que elas mesmas encontrem a solução para os seus problemas, seus conflitos.

Reencontrar Guilherme, agora escrevendo e pensando sobre mediação, me faz imediatamente voltar ao ano de 1989, em que entrevistamos embevecidos o prof. Goffredo Telles Jr.

Lá se vão mais de 30 anos e nunca me esqueci do que o prof. Goffredo disse naquela entrevista "Direito e Cultura", com que Guilherme nos presenteia aqui de maneira inédita. O professor nos disse que "o Direito é a disciplina da convivência". É através da regulação normativa que alcançamos a paz social, disciplinamos nosso convívio e entendemos como a nossa liberdade pode ser exercida sem que afrontemos os demais.

A mediação é a mais pura tradução disso. Um corte racional no conflito, a fim de que a paz possa ser encontrada; eventualmente os problemas continuarão a existir, no âmbito das relações familiares, por exemplo, mas racionalmente as partes, com a ajuda amorosa de um mediador, como bem ressaltado na presente obra, poderão tratar suas questões emocionais em outros espaços, longe do contencioso, longe dos tribunais.

Somente um mediador amoroso e dedicado, como tão bem analisado na presente obra, poderá exercer seu mister de maneira plena, dando ouvido às partes, empatizando com as suas questões, tratando as pessoas com atenção, a fim de que reste claro que as suas histórias são únicas e especiais, sem generalizações ou clichês.

Sorte nossa Guilherme publicar o presente trabalho: a mediação ainda engatinha no Brasil e somos carentes de boas obras, de reflexões sobre o tema.

Guilherme é um mediador nato, além de brilhante professor e jurista. Estuda e nos ensina quase como um monge budista, tem um tempo diferente, mais manso, mais suave; é um zen jurista, um jurista amoroso, preocupado com a dignidade das pessoas. Eu, Beatriz e Guilherme continuamos os mesmos após os cinquenta, ingênuos e idealistas, esperando um mundo melhor, fazendo nossa pequena parte para que isso possa, quem sabe, um dia ocorrer.

Branca Lescher

Mestre em Filosofia do Direito pela PUC/SP

Especialista em Canção Popular pela Faculdade Santa Marcelina

Advogada de família

Conciliadora e mediadora judicial e extrajudicial

Autora do livro *A Torá como Fonte do Direito* (RCS, 2015)

Introdução

Foi no último quarto do século passado, na minha primeira aula de Introdução ao Estudo do Direito, na Faculdade de Direito do Largo de São Francisco, que Tércio Sampaio Ferraz Jr. fez a pergunta que me inquieta até o momento presente: o que é o Direito?

Escrevi o livro que você tem em mãos para responder a essa pergunta. Este não é um livro que surgiu de um raciocínio frio e calculista; pelo contrário brotou do meu coração (daí a razão desse linguajar poético), foi surgindo das minhas reflexões no decorrer dos últimos trinta anos... Reflexões que tiveram seu início, ainda quando estudante de Direito, com minhas amigas Beatriz Di Giorgi e Branca Lescher (aqui presentes nos dois Prefácios a este livro), na nossa participação no *stand* Juventude e Cidadania, em evento da Secretaria Municipal de Cultura no Centro Cultural Vergueiro, no ano de 1989, para a comemoração dos duzentos anos da Revolução Francesa[1]. Resultado de prazerosas conversas, decidimos realizar diversas entrevistas com juristas e outros intelectuais. Selecionei três para integrar esse livro: "Direito e Cultura", com Goffredo Telles Junior, "Direito e Comunicação", com Flávio Vespasiano Di Giorgi, e "Direito, Amor e Humor", com o monge budista Gustavo Alberto Correa Pinto.

No ano de 2009, o encontro com outro amigo, que também inte-

---

1. Nessa época, Marilena Chauí era a secretária municipal de Cultura e Sérgio Cardoso, o responsável pela organização da exposição.

gra esse livro, Adolfo Braga Neto, possibilitou-me o vislumbre do potencial da prática de mediação. Tomei contato com sua história como profissional e tive a certeza de que era uma história que demandava ser narrada... Resultado da parceria que se estabeleceu: a publicação de *Mediação: uma experiência brasileira* (já em segunda edição) e de *Mediação Familiar: a experiência da 3ª Vara de Família do Tatuapé*, aos quais se seguirá um novo título, já em preparação.

Outra amiga relacionada a esta obra é Karyna Sposato, que foi minha caloura e com quem retomei contato mais recentemente. Hoje professora na Faculdade de Direito da Universidade Federal de Sergipe, também está estudando – em conjunto com sua colega Luciana Aboim Machado Gonçalves da Silva – uma prática de autocomposição de conflitos, vale dizer: a justiça juvenil restaurativa. O tema também virou um livro por nós editado...

O fruto desses encontros está neste livro: três prefácios.

O texto "Mediação, proteção local dos Direitos Humanos e prevenção à violência" foi um pedido dos meus amigos Renato Sérgio de Lima e o saudoso Paulo de Mesquita Netto, tendo sido publicado no número 02 da *Revista do Fórum Brasileiro de Segurança Pública*, no ano de 2007.

O primeiro e mais longo texto deste livro foi escrito e reescrito desde o ano de 2011, e agora acredito que cheguei à sua versão definitiva. Seu título, "Mediação e o Reconhecimento da Pessoa", espelha a razão de ser da prática da mediação. Não se trata de um objetivo a ser conquistado, mas de uma arte a ser refinada por meio de seu exercício constante. Pensar a respeito dessa prática é meu propósito com esse texto.

Ao reconhecer a pessoa, torna-se possível a afirmação de cada um como si próprio e a emergência de um "dever de deixar o outro ser o que é e como é..."[2] Esse é um dos caminhos possíveis do Direito ainda nos dias de hoje...

Outra alegria deste livro é que seu editor é um dileto amigo, o mais antigo de todos: Fabio Humberg. Ele tem realizado o trabalho de popularizar a prática da mediação com essa série de livros. O que só é possível com dedicação e amor.

A presença de tantos amigos na produção deste livro mostra que as qualidades humanas da amizade – uma escuta atenta e gentil e uma presença suave e não impositiva – integram também as habilidades mediativas. E me faz lembrar uma frase de Aristóteles: "não será a amizade a verdadeira forma da justiça?".

Boa leitura!

---

2. A. KAUFMANN; W. HASSEMER (orgs.). *Introdução à Filosofia do Direito e à Teoria do Direito Contemporâneas.*

PARTE I:
ACESSO À JUSTIÇA
E ESFERAS DA JUSTIÇA
PARA O RECONHECIMENTO[3]

O devido processo legal

O saudoso e sempre lembrado Sérgio Vieira de Mello, em 1999, quando ocupava o posto de secretário de Assuntos Humanitários da Organização das Nações Unidas, em palestra apresentada em Brasília, a que tive a alegria de assistir, afirmou que o respeito aos direitos humanos previstos pelo artigo 3º comum às quatro Convenções de Genebra (1949)[4] deve ser visto como um divisor de águas entre civilização e barbárie.

O artigo 3º comum às quatro Convenções de Genebra estabelece quatro direitos mínimos das pessoas que não estejam participando das hostilidades, que as partes envolvidas em um conflito armado

---

3. Esta parte é uma versão reduzida e modificada do artigo "Acesso à justiça, Direitos Humanos e novas Esferas da Justiça", publicado na *Revista Contemporânea* vol.02 n.01, janeiro-junho 2012, pp. 83-102.
4. Frits Kalshoven e Liesbeth Zegvled, autores do clássico *Constraints on the Waging of War*, assim o classificam: "o artigo 3º comum às Convenções de 1949 é o único artigo especialmente redigido para os casos de conflitos armados não internacionais; por isso, se o qualifica, às vezes, de 'miniconvenção', ou de 'Convenção das Convenções'. Estipula normas que as partes em um conflito armado interno 'terão a obrigação de aplicar, como mínimo'. Dado que, na época atual, a maioria dos conflitos armados formam parte dessa categoria, o artigo adquiriu uma importância que, dificilmente, poderiam ter previsto seus autores" (2007, p. 80).

terão de aplicar em qualquer tempo e lugar. Tais direitos são: a) integridade física; b) proibição da tomada de reféns; c) integridade psíquica; e d) devido processo legal (*due process of law*)[5].

Os sujeitos de direito desses quatro direitos são todos aqueles que não participem ativamente das hostilidades, incluindo os membros das forças armadas (regulares ou não) "que tenham deposto as armas" e os que tenham sido postos "fora de combate por enfermidade, ferida, detenção ou qualquer outra causa".

A cláusula do "devido processo legal" tem sua origem como *due process of law* no direito medieval inglês e tem sua origem mais remota na Magna Carta de João Sem Terra (1215). A expressão é usada pela primeira vez no estatuto de 1354 jurado por Eduardo III. O fato de constar nesse rol mínimo de direitos (um verdadeiro divisor entre "civilização e barbárie") ilustra a importância do "devido processo legal" para proteção da pessoa.

Devido processo legal significa um processo legal, já que previsto em lei – o que se constitui em uma garantia de igualdade, pois o mesmo processo será aplicado para todos –, e devido, visto que não deve ser qualquer tipo de processo, mas um processo que possibilite um julgamento justo.

Acesso à justiça e Estado de Direito

> Artigo 16. Toda a sociedade, na qual a garantia dos direitos não é assegurada nem a separação dos poderes determinada, não tem constituição.

Esse artigo da Declaração dos Direitos do Homem e do Cidadão (1789) apresenta os dois princípios básicos do Estado de Direito,

---

5. Para um texto completo do artigo consulte www.icrc.org (acesso em 22/08/2011).

vale dizer: 1) garantia dos direitos individuais (princípio de difusão); e 2) separação dos poderes (princípio da diferenciação). É a Constituição, a "Lei Maior", a "Carta Magna", que tem por função assegurar tais princípios. O princípio da difusão objetiva limitar, por meio de vínculos explícitos, os poderes do Estado, aumentando o âmbito das liberdades individuais. Implicando assim uma definição, pelo Direito, tanto dos poderes públicos como dos sujeitos individuais, bem como da relação entre sujeitos e instituições[6]. Já o princípio da diferenciação é expresso por meio da diferenciação do sistema político jurídico em relação a outros subsistemas ou por meio de um critério de delimitação, coordenação e regulamentação jurídica de diferentes funções estatais que correspondem a normas e à aplicação delas[7].

Ao tecer comentários a respeito da Declaração dos Direitos do Homem e do Cidadão (1789), Fabio Konder Comparato[8] mostra como esse instrumento jurídico foi basilar para superar determinado momento histórico e constituir as estruturas de um novo período. Constituindo-se, nas palavras de Comparato, em um "verdadeiro atestado de óbito do Antigo Regime" e em "uma espécie de carta geográfica fundamental para a navegação política nos mares do futuro, uma referência indispensável a todo projeto de constitucionalização dos povos"[9].

Além da importância do *État de Droit francês*, para a construção do conceito de Estado de Direito, Danilo Zolo assinala a contribuição da experiência do *Rechtsstaat* (Estado de Direito) alemão[10], do

---

6. Danilo ZOLO, *Teoria e crítica do Estado de Direito*, p. 31.
7. Id. ibid., p. 32.
8. Fabio Konder COMPARATO, *A afirmação histórica dos direitos humanos*, p.146.
9. Id. ibid., p.146.
10. Na Alemanha, na obra *Die Polizeiwissenschaft nach den Grundsatzen des Rechtsstaates*, de Robert von Mohl, nos anos 30 do século XIX, foi utilizada pela primeira vez a expressão. Todavia, deve-se observar que o "exercício" do Rechtsstaat na Alemanha afirma-se no decorrer da restauração que sucedeu as revoltas de 1848. Para informação mais detalhada, conferir Danilo ZOLO, op. cit., pp. 11-14.

Rule of Law inglês e do *Rule of Law* na versão norte-americana. O que torna o conceito de Estado de Direito em sua essência europeu:

> A doutrina do Estado de Direito é provavelmente o patrimônio mais relevante que, hoje, nos inícios do terceiro milênio, a tradição política europeia deixa em legado à cultura política mundial. A sua excepcional relevância teórica está na (alcançada) tentativa de assegurar no interior e por meio de uma particular organização do poder político – um Estado nacional – a garantia das liberdades fundamentais do indivíduo. O Estado de Direito conjugou, em formas originais em relação a qualquer outra civilização, a necessidade de ordem e de segurança, que está no centro da vida política, com a reivindicação, muito forte no interior de sociedades complexas, das liberdades civis e políticas[11].

É a partir do surgimento do Estado de Direito, ou seja, da administração do Estado de uma perspectiva *ex parte populi* e não mais *ex parte principi*, da existência do cidadão que tem direitos e não mais do súdito que só tem o dever de obediência, que se torna possível afirmar o direito de acesso à justiça. Corroborando essa afirmação, há a decisão da Corte Europeia de Direitos Humanos no caso Golder[12]. O caso diz respeito ao senhor Golder, prisioneiro em uma penitenciária da Grã-Bretanha. Acusado por um guarda de participar ativamente de violentos distúrbios na prisão, ele requereu uma entrevista com um advogado para processar o guarda por calúnia e teve a aceitação de seu pedido condicionada à autorização do ministro do Interior. Tendo como fundamento o preâmbulo da Con-

---

11. Danilo ZOLO, *Teoria e crítica do Estado de Direito*, p. 51.
12. Golder vs. UK, julgamento de 21 de fevereiro de 1975. FRANCIONI, *The Rights of Access to Justice under Customary International Law*, pp.34-35.

venção Europeia de Direitos Humanos e Liberdades Fundamentais (1950), que se refere ao Estado de Direito (*Rule of Law*), e tendo em mente a necessidade de preservar a herança dos princípios gerais de justiça reconhecidos pelos Estados partes, a Corte Europeia realizou evolutiva e expansiva interpretação do artigo 6º, vendo neste artigo a obrigação dos Estados partes de garantirem acesso à corte ao prisioneiro que a demandou[13]. Estabelece o quanto segue a parte do preâmbulo da convenção relativa ao caso em tela:

> Resolvendo-se, a partir dos governos dos países europeus que pensam de forma semelhante e que possuem uma herança comum de tradições políticas, de ideais, de liberdade e de Estado de Direito, a tomar os primeiros passos para o reforço coletivo de alguns dos direitos presentes na Declaração Universal.

A interpretação da Corte Europeia no caso referido foi extensiva no tocante aos beneficiários do direito ao acesso à justiça, marcando importante posição ao relacionar de modo preciso direito de acesso à justiça e proteção de direitos individuais. Todavia, no tocante à amplitude desse direito, foi coerente com as normas existentes no âmbito do Direito Internacional que estabelecem esse direito – apenas e tão somente – como um direito de acesso aos tribunais. A primeira norma do Direito Internacional dos Direitos Humanos (sistema da ONU) na qual esse direito foi estabelecido é o artigo VIII da Declaração Universal dos Direitos Humanos (1948):

> Artigo VIII. Todo homem tem direito a receber dos tribunais nacionais competentes remédio efetivo para os atos que violem os direitos

---

13. Francesco FRANCIONI, *The Rights of Access to Justice under Customary International Law*, pp. 34-35.

fundamentais que lhe sejam reconhecidos pela constituição ou pela lei.

Direito esse reafirmado no artigo 6º, inciso 1º e demais da Convenção Europeia de Direitos Humanos e Liberdades Fundamentais (1950). No Pacto Internacional de Direitos Civis e Políticos (1966) consta no artigo 14º, § 1º e demais. E no âmbito do sistema interamericano de proteção dos direitos humanos encontra-se no artigo XVIII da Declaração Americana de Direitos Humanos e Deveres (1948) e no artigo 8º, inciso 1º e demais da Convenção Americana de Direitos Humanos (Pacto de San José de 1969).

Todos os artigos anteriormente citados definem o acesso à justiça enquanto direito de acesso a tribunais, apenas e tão somente. A ampliação do significado do direito de acesso à justiça só ocorreu, na segunda metade do século XX, graças à publicação do relatório *Acesso à justiça*, de Mauro Cappelletti e Bryan Garth.

Relatório *Acesso à Justiça*, de Mauro Cappelletti e Bryan Garth

A presença do conceito explícito de acesso à justiça nas constituições nacionais é recente. O desenvolvimento desse termo, tanto no plano acadêmico como no âmbito da comunidade jurídica, deve ser "tributado" à obra de Cappelletti e seus colegas dos anos 1970 e 1980. A obra de Cappelletti, que foi amplamente disseminada, dificilmente pode ser ignorada pelos juristas da atualidade[14].

É a partir do relatório *Access to Justice: The Worldwide Movement to Make Rights Effective*, coordenado por Cappelletti e Garth[15] e pu-

---

14. Cf. Eva STORSKRUBB e Jacques ZILLER, *Access to Justice in European Comparative Law*, p. 178.
15. Na época da publicação do relatório o chefe do Departamento de Ciências Jurídicas do Instituto Universitário Europeu (Florença-Itália) era Cappelletti. O relatório ficou conhecido como Projeto Florença,

blicado em 1978-1979, que o tema do acesso à justiça volta a ser discutido no âmbito do direito – dessa feita por meio de um trabalho científico de direito comparado e de um diálogo internacional a respeito do tema entre as universidades e os "operadores do Direito" das mais diversas partes do mundo. Esse relatório, patrocinado em grande parte pela Fundação Ford, é um marco teórico referencial no estudo do acesso à justiça. Posteriormente, no Brasil, foi publicada a tradução do relatório geral, em 1988, por Sergio Antonio Fabris Editor com tradução de Ellen Gracie Northfleet (ex-ministra do Supremo Tribunal Federal), intitulado *Acesso à justiça*.

Nessa obra de referência, os autores consideram o acesso à justiça como um direito humano e, mais do que isso, "o mais básico dos direitos humanos"[16]: o acesso à justiça pode, portanto, ser encarado como o requisito fundamental – o mais básico dos direitos humanos – de um sistema jurídico moderno e igualitário que pretenda garantir e não apenas proclamar o direito de todos. Como afirma Norberto Bobbio em *A era dos direitos*, a questão principal não é proclamar e elaborar mais direitos humanos, mas saber como implementá-los:

> Não se trata de saber quais e quantos são esses direitos [humanos], qual é sua natureza e seu fundamento, se são direitos naturais ou históricos, absolutos ou relativos, mas sim qual é o modo mais seguro para garanti-los, para impedir que, apesar das solenes declarações, eles sejam continuamente violados[17].

A questão da fundamentação teórica dos direitos humanos teria sido de certa forma superada, segundo o filósofo italiano, em fun-

---

16. Mauro CAPPELLETTI e Bryant GARTH, *Acesso à Justiça*, pp. 67-68.
17. Norberto BOBBIO, *A era dos direitos*, p. 45.

ção da Declaração Universal dos Direitos Humanos de 1948, a partir do consenso geral acerca de sua validade[18].

O que se quer enfatizar é que o acesso à justiça é diferente de direitos humanos como direito a moradia, direito a educação, direito a alimentação, direito a água potável. É um verdadeiro direito-garantia, o qual deve servir para a realização de outros direitos. Desse modo, podemos afirmar que é um direito imprescindível para o exercício da cidadania.

Lembra-nos Celso Lafer que para Hannah Arendt o primeiro direito humano é o direito a ter direitos:

> É justamente para garantir que o dado da existência seja reconhecido e não resulte apenas do imponderável da amizade, da simpatia ou do amor no estado de natureza, que os direitos são necessários. É por essa razão que Hannah Arendt realça, a partir dos problemas jurídicos suscitados pelo totalitarismo, que o primeiro direito humano é o direito a ter direitos. Isto significa pertencer, pelo vínculo da cidadania, a algum tipo de comunidade juridicamente organizada e viver numa estrutura onde se é julgado por ações e opiniões por força do princípio da legalidade[19].

Assim, o direito de acesso à justiça é um elemento constitutivo do próprio exercício da cidadania, pois é esse direito que possibilita o exercício da cidadania quando o cidadão é arbitrariamente impedido de fruir determinado direito por causa do Estado. Para sua efetivação, Cappelletti e Garth[20] apontam a existência de três

---

18. Norberto BOBBIO, *A era do direitos*, p. 46.
19. Celso LAFER, *A Reconstrução dos Direitos Humanos*, pp. 153-154.
20. Mauro CAPPELLETTI e Bryant GARTH, *Acesso à Justiça*, pp. 167-168.

principais barreiras que dificultam o acesso para quem busca a realização da justiça. São elas: barreira financeira, barreira cultural e barreira psicológica. A fim de superar essas barreiras, foram criadas três "ondas" para a as soluções práticas para os problemas de acesso à justiça. A primeira onda é a da assistência jurídica para os pobres, a segunda envolve a representação dos interesses difusos e a terceira refere-se ao acesso à representação em juízo como uma concepção mais ampla de acesso à justiça.

No âmbito deste livro, nosso principal interesse é em relação à terceira onda. Cappelletti e Garth esclarecem o que vem a ser a terceira onda, que chamam de "novo enfoque de acesso à justiça":

> O novo enfoque de acesso à Justiça, no entanto, tem alcance muito mais amplo. Essa 'terceira onda' de reforma inclui a advocacia, judicial ou extrajudicial, seja por meio de advogados particulares ou públicos, mas vai além. Ela centra sua atenção no conjunto geral de instituições e mecanismos, pessoas e procedimentos utilizados para processar e mesmo prevenir disputas nas sociedades modernas. Nós o denominamos 'enfoque do acesso à justiça' por sua abrangência. Seu método não consiste em abandonar as técnicas das duas primeiras ondas de reforma, mas em tratá-las como apenas algumas de uma série de possibilidades para melhorar o acesso[21].

O próprio Cappelletti, em uma conferência pronunciada em Curitiba, em 1991, complementa o esclarecimento do que vem a ser a "terceira onda":

---

21. Mauro CAPPELLETTI e Bryant GARTH, *Acesso à Justiça*, pp. 67-68

Terceiro aspecto fundamental – a 'terceira onda' – do movimento pelo acesso à justiça trouxe à luz a importância de ulteriores técnicas, tendentes a tornar mais acessível a justiça: a simplificação dos procedimentos e a criação de alternativas de justiça[22].

No verbete "acesso à justiça" do *Dicionário Enciclopédico de Teoria e Sociologia do Direito*, coordenado por André Jean-Arnaud, são elencadas mais duas "ondas" que complementam as três já citadas:

2. Sobre 'teoria crítica' (sentido 2).

2.1 Partindo da constatação de que numerosos litígios são resolvidos sem que se recorra aos tribunais, essa corrente examina as múltiplas instâncias de resolução de conflitos (diretor de escola, igreja, patrão, conselheiro sindical...). (...)

2.2 Esse interesse pelo outro hemisfério do direito se debruça principalmente sobre as forças centrífugas que afastam os interessados dos tribunais. A doutrina aí analisa a organização de instituições que venham a canalizar essas forças e tendam a regulamentar os conflitos sem que disponham da coerção estatal.

3. Sobre 'conceito sintético':

3.1 Essa acepção tem caráter técnico, derivada da primeira, trata do conteúdo mesmo da garantia que o Estado deve oferecer e, mais especialmente, do aparelho judiciário deste, para assegurar a todos os interessados esse acesso efetivo[23].

---

22. Mauro CAPPELLETTI, *Problemas de Reforma do Processo nas Sociedades Contemporâneas*, pp. 119-128.

23. André JEAN-ARNAUD, *Dicionário Enciclopédico de Teoria e Sociologia do Direito*, pp. 448-449.

Como se pode observar, a terceira onda, quando se refere a alternativas de justiça, abre um vasto leque de possibilidades para o exercício das mais variadas experiências de resolução de conflitos.

Acesso à justiça e Direitos Humanos no plano internacional

A ligação do tema do acesso à justiça com o tema dos Direitos Humanos no plano internacional continua presente até os dias de hoje. Desse fato dá testemunho o livro *Access to justice as a Human Right* (2007), coordenado por Francisco Francioni (do Instituto Universitário Europeu)[24], que apresenta um panorama dos estudos acadêmicos dedicados ao tema, bem como mostra o "estado de arte" da questão no plano internacional e no continente europeu, além de abordar a questão dos mecanismos de acesso aos órgãos internacionais de supervisão e monitoramento dos direitos humanos.

Francioni, em seu artigo *The Rights of Access to Justice under Customary International Law*, resume a situação atual do direito de acesso à justiça no plano internacional:

> A partir de sua emergência inicial como um componente do tratamento mínimo de estrangeiros, ele [o acesso à justiça] tem gradualmente se desenvolvido para outras áreas do direito internacional, especialmente as reparações de guerra e os direitos das minorias, até se tornar posteriormente arraigado nas legislações atuais de direitos humanos. É especialmente em relação à prática dos elementos dos direitos humanos no plano

---

24. A mesma instituição que coordenou o estudo *Acesso à justiça* em 1978.

internacional que o acesso à justiça emerge como um componente essencial de toda proteção dos direitos humanos, que, em princípio, precisa ser garantida também em épocas de crise e de emergência. Um resultado paradoxal dessa consolidação dos direitos de acesso à justiça é a crescente saturação dos tribunais e o problema sistêmico da excessiva duração dos processos, que constantemente levam a uma ausência de justiça. Isso deve lembrar-nos que o direito de acesso aos tribunais tem seu papel e permanece fundamental, especialmente no plano do direito interno, onde os remédios contra violações de direitos humanos são primeiramente encontrados[25].

Em relação ao tema do acesso à justiça, especificamente no âmbito do continente europeu, a recente Constituição da Finlândia (2000) ilustra a crescente importância concernente ao tema, além da necessidade da busca de soluções para incremento do acesso à justiça por meio tanto dos tribunais como de outras instituições, o que está diretamente relacionado à terceira onda de criação de "alternativas ao sistema de justiça". Estabelece a nova Constituição da Finlândia no seu artigo 21:

> Todos possuem o direito de ter o seu caso tratado apropriadamente e sem indevida demora por um tribunal legalmente competente ou outra autoridade, assim como de ter a decisão relacionada a seu direito ou obrigação revista por uma corte jurídica ou outro órgão independente da administração de justiça.

Interessante constatar no artigo em tela que o tribunal legalmente

---

25. Francesco FRANCIONI, *The Rights of Access to Justice under Customary International Law*, pp.54-55.

competente e a corte jurídica, bem como a outra autoridade e o órgão independente, integram a administração da justiça, atuando o poder judiciário – no caso da Finlândia – como parte integrante e não o único responsável pela aplicação da justiça.

No que se refere à especificação e especialização das diversas instâncias para garantia do acesso à justiça, é ilustrativo o instrumento jurídico estabelecido no continente europeu no âmbito da justiça ambiental. Trata-se da "Convenção Aarhus sobre acesso à informação, participação pública nos processos de tomada de decisão e acesso à justiça em questões ambientais de 1998" (Aarhus Convention on Access to Information, Public Participation in Decision-making and Access to Justice in Environmental Matters). Estabelece seu artigo 1º:

> Para contribuir com a proteção de cada direito de cada pessoa das gerações presente e futura de viver num ambiente adequada para o seu bem-estar, toda parte deve garantir os direitos de acesso à informação, de participação pública nas tomadas de decisão e de acesso à justiça em casos ambientais de acordo com o disposto nesta convenção[26].

A relação existente entre Direitos Humanos e acesso à justiça fica evidente no continente europeu. Quer seja por meio de estudos doutrinários, mudanças constitucionais ou novos instrumentos jurídicos, o direito de acesso à justiça é considerado como direito garantia dos Direitos Humanos parte integrante e fundamental para sua efetiva implementação.

---

26. Para um estudo mais aprofundado sobre a questão do acesso à justiça ambiental, consultar Access to Environmental Justice, de Catherine Redgwell, em *Access to Justice as a Human Right*, pp. 153-175.

Legal Empowerment of the Poor
(empoderamento legal do pobre)

Um estudo desenvolvido no âmbito da ONU que não pode deixar de ser citado é o relatório elaborado pela Comissão do Empoderamento Legal do Pobre[27] intitulado "Fazendo a lei trabalhar para todos"[28] (2008). Neste relatório o conceito de empoderamento legal do pobre é definido da seguinte maneira:

> Empoderamento legal é o processo pelo qual o pobre torna-se protegido e é capaz de usar a lei para proteger seus direitos e seus interesses, tanto em relação ao Estado como em relação ao mercado. Ele inclui o pobre tornando expressos seus plenos direitos e consolidando as oportunidades que surgem a partir disso, por meio de apoio público e de seus próprios esforços, assim como de esforços de apoiadores e de redes mais amplas. Empoderamento legal é uma abordagem baseada no país e no contexto específico, que tem lugar tanto em níveis nacionais como locais[29].

O conceito de empoderamento legal inspira-se na ideia de 'desenvolvimento como liberdade' de Amartya Sen. É o que estabelece o próprio relatório:

> A proposta de Sen de desenvolvimento como liberdade é virtualmente sinônima de

---

27. A Comissão do Empoderamento Legal do Pobre é a primeira iniciativa global com foco na ligação existente entre exclusão, pobreza e direito. Patrocinada por um grupo de países desenvolvidos e em desenvolvimento (vale dizer: Canadá, Dinamarca, Egito, Finlândia, Guatemala, Noruega, Suécia, África do Sul, Tanzânia e Grã-Bretanha), foi sediada no Programa das Nações Unidas para o Desenvolvimento (PNUD) em Nova York. Consta entre seus membros o ex-presidente Fernando Henrique Cardoso.
28. *Making the Law work for Everyone*.
29. Op. cit., p. 26

empoderamento político, social e econômico de pessoas fundamentado em direitos humanos. Desenvolvimento assim entendido tanto como um imperativo moral quanto, de acordo com Sen, como a rota para a prosperidade e para a redução da pobreza[30].

Em consonância com a teoria de Sen, o processo de empoderamento legal tem como objetivo não só proteger as pessoas, mas também criar oportunidades para seu desenvolvimento. É o que afirmam Maaike de Langen e Maurits Barendrecht:

> A proteção das pessoas e das suas propriedades é o primeiro passo para qualquer espécie de desenvolvimento, e por esse motivo o empoderamento legal começa com a proteção do que as pessoas possuem. Então o empoderamento legal foca no direito não somente como um meio de proteção, mas também como um meio de criar oportunidades. Acesso à justiça a partir dessa perspectiva implica igual acesso para remédios contra injustiças sofridas – proteção – mas também igual acesso à participação na sociedade e na economia – oportunidade[31].

O próprio Sen faz um alerta a respeito da necessidade de levarmos em consideração as "lacunas institucionais" e as "inadequações comportamentais", a fim de sermos capazes de elaborar instituições e programas capazes de equilibrar a escolha de novas instituições com a mudança comportamental. A ênfase em um dos dois lados – vale dizer: instituições ou pessoas – não é a melhor opção. Afirma Sen:

---

30. *Making the Law work for Everyone*, p. 18.
31. Maurits BARENDRECHT e Maaike DE LANGEN, *Legal empowerment of the Poor*: Innovating Access to Justice, pp. 250-271, p.263.

E se nós ainda estamos tentando lutar contra injustiças no mundo em que nós vivemos, com uma combinação de lacunas institucionais e inadequações comportamentais, nós também devemos pensar sobre como as instituições deveriam ser ajustadas aqui e agora, para alavancar a justiça por meio do desenvolvimento de liberdade e do bem-estar das pessoas que vivem hoje e que existirão amanhã. E isso é exatamente o ponto em que uma leitura realista das normas comportamentais e das regularidades se torna importante para a escolha das instituições e para a busca da justiça. Demandar mais do comportamento hoje do que pode ser esperado ser satisfeito não é uma boa forma de fazer avançar a causa da justiça[32].

O envolvimento tanto de pessoas como de instituições na elaboração de uma política de empoderamento legal é possível por meio de uma estratégia "de baixo para cima" (*bottom-up*). Isso é o que estabelece o relatório:

Liderança política é imperativa. Uma agenda compreensiva será melhor cumprida não por ministérios individuais, em competição por apoio e por atenção, mas por presidentes e primeiros-ministros que lidem com finanças, justiça e trabalho. Usando sua autoridade política, presidentes e primeiros-ministros podem direcionar a agenda adiante e criar uma oportunidade política vital. Mas um alto cargo não é uma pré-condição para liderança efetiva. Cidadãos e organizações populares podem criar oportunidades propícias para

---

32. Amartya SEN, *The Idea of Justice*, p. 81.

mudanças por meio da educação do público e da concentração dos temas do empoderamento legal. Muitas melhorias na vida dos pobres têm sido realizadas por meio de inovações sociais. O empoderamento legal deve também ser feito de baixo para cima[33].

Dito de outro modo, os pobres não são considerados enquanto meros objetos do processo de empoderamento legal, mas efetivos agentes de sua própria transformação. Devem participar e dar seu *feedback* em todas as fases da reforma, incluindo o monitoramento dos resultados[34].

O relatório não deixa dúvidas quanto ao papel dos Direitos Humanos na elaboração do conceito de empoderamento legal: "o empoderamento legal encontra sua base normativa nos padrões globalmente acordados de direitos humanos e deve sempre estar de acordo ou exceder esses padrões globais"[35].

No tocante à participação da comunidade internacional na consolidação dos instrumentos jurídicos do empoderamento legal, o relatório faz a seguinte proposta:

> Nós propomos uma agenda ambiciosa para mudanças e uma estratégia efetiva para implementá-las, tudo isso tendo que ser negociado e totalmente concordado local e nacionalmente. Ao mesmo tempo, nós fortemente solicitamos a comunidade internacional a expandir a base do empoderamento legal na legislação internacional de direitos humanos. Os direitos centrais de empoderamento legal merecem ser mais de-

---

33. *Making the Law work for Everyone*, p. 9.
34. Id. ibid, p. 9.
35. Id. ibid., p. 29.

senvolvidos em níveis regionais e globais nos pactos e eventualmente nos tratados internacionais de direitos humanos[36].

O empoderamento legal, entendido como processo pelo qual o pobre passa a ser protegido e torna-se capaz de usar a lei a fim de fazer valer seus direitos e cuidar de seus interesses junto às instituições do Estado e do mercado[37], tem algumas etapas para sua concretização. São elas: a) as condições; b) os pilares; e c) os objetivos.

As condições para o empoderamento legal relacionam-se às pessoas e subdividem-se em: a) identidade como cidadão, como proprietário, como trabalhador ou "homem de negócios"; e b) voz conquistada por meio de informação, educação, organização e representação. Os quatro pilares são: a) acesso à justiça e Estado de Direito (*Rule of Law*); b) direitos de propriedade; c) direitos do trabalho; e d) direitos de negócios (*business rights*)[38].

Por ser um processo de reforma, o empoderamento legal do pobre irá requerer uma mudança sistemática e constante da legislação estatal a fim de ampliar os seguintes direitos: a) acesso à justiça; b) acesso ao patrimônio; c) acesso ao trabalho decente; e d) acesso aos mercados.[39] Essa ampliação de direitos tem como objetivo um incremento da proteção da lei e criação de oportunidades. Esses dois processos – empoderamento legal do pobre e mudança sistemática – devem ocorrer de forma simultânea e complementar. Referem-se a mudança de comportamento das pessoas e a mudanças institucionais.

---

36. *Making the Law work for Everyone*, p. 31.
37. Ver definição completa em *Making the Law work for Everyone*, p. 26.
38. *Making the Law work for Everyone* p.25 a 29.
39. Para uma visualização gráfica do conceito de empoderamento legal, ver *Making the Law work for everyone*, p. 27

A propósito da importância do acesso à justiça para o empoderamento legal do pobre, afirma o relatório:

> O acesso à justiça e o Estado de Direito são centrais para o empoderamento legal. Reformar a legislação no papel não é suficiente para mudar a experiência da pobreza no dia a dia. Mesmo as melhores leis não são mais do que tigres de papel se as pessoas não podem usar o sistema de justiça para se alimentar. Mesmo as melhores regras não ajudam os pobres se as instituições que as devem garantir são ineficientes, corruptas ou dominadas pelas elites. Isso é portanto sumamente importante para reformar instituições públicas e para remover as barreiras legais e administrativas que evitam que os pobres possam assegurar seus direitos e interesses[40].

No tocante às opções de reforma da justiça para estabelecimento de uma agenda de trabalho que tenha como meta a incrementação do acesso à justiça para os pobres, o relatório indica cinco sugestões: a) melhoria dos sistemas de registro de identidade sem o pagamento de taxas; b) efetivos e acessíveis sistemas de solução alternativa de conflitos; c) simplificação, padronização legal e campanha de esclarecimento legal dos pobres; d) fortalecimento dos sistemas de ajuda legal e expansão dos quadros legais com a participação de estudantes de Direito e paralegais; e e) reforma estrutural permitindo que grupos comunitários possam compartilhar riscos jurídicos[41].

O empoderamento legal do pobre é uma recente e inovadora abor-

---

40. *Making the Law work for Everyone*, pp. 31-32.
41. Id. ibid., p. 60.

dagem de implementação do acesso à justiça. Abordagem centrada na pessoa e por meio de um processo "de baixo para cima" (*bottom-up*). Essa é a conclusão de Langen e Barendrecht:

> Justiça perfeita é algo tão improvável de existir como qualquer outro serviço perfeito. Implementar uma justiça perfeita de cima para baixo parece ser uma missão impossível. Melhorar a justiça a partir da base por meio do empoderamento dos clientes e pelo estímulo aos empreendedores de justiça para que inovem seus serviços legais é uma abordagem mais realista. Fazer isso acontecer será uma questão de trabalho árduo e de processos sagazmente organizados de tentativa e erro, apoiados pelas ciências sociais. Essa é a inovação que nós pensamos que a abordagem pelo empoderamento legal pode trazer[42].

A seguir apresentaremos um projeto posterior ao empoderamento legal do pobre, mas que tem sua fonte de inspiração nele. Trata-se da microjustiça.

A microjustiça

> A pessoa humana é o sujeito central do processo de desenvolvimento e deve ser ativa, participante e beneficiária do direito ao desenvolvimento (artigo 2º da Declaração do Direito ao Desenvolvimento-1986).

Um dos resultados concretos do desenvolvimento dos estudos e pesquisas posteriores ao trabalho da Comissão do Empoderamen-

---

42. Maurits BARENDRECHT e Maaike DE LANGEN, *Legal empowerment of the Poor:* Innovating Access to Justice, p. 269.

to Legal do Pobre foi a elaboração do conceito de microjustiça. Este conceito foi apresentado ao público – em outubro de 2007 – por meio do texto *Microjustice*, de Maurits Barendrecht (da Tilburg University e do Hague Institute for the Internationalisation of Law, HIIL) e de Patrícia Van Nispen (da International Legal Alliances).

Um dos principais objetivos da microjustiça é apresentar alternativas de justiça economicamente sustentáveis, na medida em que atraente para os pobres e simultaneamente viável para os prestadores dos "serviços legais" sem um significativo subsídio (seja do Estado ou de qualquer outra entidade)[43].

A abordagem da microjustiça é baseada na perspectiva da pessoa humana como sujeito central do processo de desenvolvimento. Desse modo, a abordagem da realização da justiça é efetivada por meio da resposta a diversas perguntas – tais como: 1) em qual situação o pobre precisa de acesso à justiça?; 2) quais capacidades ele precisa desenvolver para ser capaz de enfrentar esses problemas?; 3) como os "serviços legais" podem ser desenhados para atender às necessidades dos pobres levando em consideração seu orçamento e capacidades?; e 4) como os profissionais de "serviços legais" capazes de atender a demanda dos pobres podem garantir seu próprio sustento por meio desse trabalho?[44].

A inspiração do modelo do microcrédito é literalmente assumida pelos autores:

> Assim como o microcrédito, a microjustiça pode se tornar uma nova forma de tratar serviços que tradicionalmente existem. A necessidade dos clientes e suas capacidades são o ponto de

---

43. Maurits BARENDRECHT e Patrícia VAN NISPEN, *Microjustice*, p. 2.
44. Id. ibid., p. 5.

partida para o processo de desenvolvimento. Mesmo os serviços existentes precisam ser analisados cuidadosamente, para se redescobrir o que é essencial e o que é uma forma específica de fazer as coisas que se tornou a regra em mercados mais desenvolvidos e ricos. De forma similar com que o crédito financeiro encontra novo solo nos conceitos de microcrédito, a justiça também pode encontrar um novo solo de formas inovadoras de serviços legais[45].

A questão de como encaminhar a resolução dos conflitos de vizinhança é um bom exemplo do modo de funcionamento de uma experiência de microjustiça. Recomendam os autores:

Para disputas entre vizinhos numa cidade, pode ser viável deixar as pessoas reclamarem em determinado ponto (por exemplo, uma loja nas vizinhanças). A reclamação pode ser complementada por um formulário simples num sítio de internet. Operadores do sítio de internet, qualificados para lidar com essas disputas, podem apontar uma pessoa neutra de uma lista para lidar com a reclamação. Essa pessoa neutra poderia entrar em contato com a outra parte e o sistema poderia possuir incentivos para encorajar a outra parte a cooperar[46].

O terceiro neutro deve conduzir o equacionamento do conflito – utilizando técnicas de mediação – por um preço módico. Ele pode ser dirigido por critérios básicos de resolução de conflitos de vizinhança acessíveis no *website* do projeto. As partes também têm

---

45. Maurits BARENDRECHT e Patrícia VAN NISPEN, *Microjustice*, p. 28.
46. Id. ibid., p. 23.

livre acesso a esses critérios. No *website* as partes também encontrarão a opinião relativa ao terceiro neutro emitida por antigos usuários de seus serviços[47].

Mais do que um simples conceito teórico, a microjustiça tem uma característica operacional evidente, que no momento atual está sendo desenvolvida pela "Iniciativa da Microjustiça" (www.microjusticeinitiative.org) e pela organização internacional International Legal Alliances por meio do projeto "Microjustiça para todos" (http://microjustice4all.org/mj4all/).

A relação existente entre a microjustiça e o empoderamento legal do pobre é enfatizada pelos próprios autores do artigo:

> Serviços legais acessíveis que preencham as necessidades daqueles que estão na base da pirâmide oferecem uma perspectiva totalmente nova para o setor da justiça. Pode ser oferecido um instrumento para o empoderamento legal do pobre em uma cooperação frutífera entre o setor público e o privado. O desafio é imenso e haverá problemas no caminho. Contudo, uma longa jornada começa com um primeiro passo[48].

O projeto Microjustiça é uma inovadora abordagem que visa ampliar de forma radical o acesso à justiça. Para isso valendo-se de uma estratégia centrada na pessoa e de baixo para cima propõe experiências práticas para serem vivenciadas pela comunidade no âmbito local. É um projeto que necessita de maior maturação, a fim de serem analisados seus pontos positivos e negativos. O que merece ser salientado é sua ousadia criativa na busca da ampliação do acesso à justiça.

---

47. Maurits BARENDRECHT e Patrícia VAN NISPEN, *Microjustice*, p. 23.
48. Id. ibid., p. 28.

Acesso à justiça no Brasil

No Brasil o debate a respeito do "acesso à justiça" foi impulsionado pelo relatório de Cappelletti e Garth e ganhou relevância a partir da Constituição de 1988. Na Carta Magna o assunto se fez presente no Artigo 5º ("Dos Direitos e Deveres individuais e coletivos"), incisos XXXV e LXXIV. Estabelece o inciso XXXV: "(...) a lei não excluirá da apreciação do Poder Judiciário lesão ou ameaça a direito". E o inciso LXXIV: "o Estado prestará assistência jurídica integral e gratuita aos que comprovarem a insuficiência de recursos".

Em nosso país o acesso à justiça é, portanto, parte integrante dos direitos e garantias fundamentais e algumas constituições estaduais integraram-no de forma direta ou indireta. De acordo com Rodolfo de Camargo Mancuso, é preciso "dessacralizar o acesso à justiça", entendendo que nem todo conflito deve ser resolvido pelo Poder Judiciário e que devem ser estabelecidos "equivalentes jurisdicionais" como as formas alternativas de solução de conflitos[49].

Em artigo publicado em 1992, o processualista carioca José Carlos Barbosa Moreira já mostrava o caráter inovador do preceito constitucional que trata da "assistência jurídica":

> a mudança do adjetivo qualificador da "assistência", reforçada pelo acréscimo do "integral", importa notável ampliação do universo que se quer cobrir. Os necessitados fazem jus agora à dispensa de pagamentos e à prestação de serviços não apenas na esfera judicial mas em todo o campo dos atos jurídicos[50].

---

49. Rodolfo de Camargo MANCUSO, *A Resolução dos Conflitos e a Função Judicial no Contemporâneo Estado de Direito*, p. 62.

50. José Carlos BARBOSA MOREIRA, *O Direito à Assistência Jurídica: Evolução no Ordenamento Brasileiro de nosso tempo*, p.130.

A noção da assistência jurídica enquanto a primeira onda de acesso à justiça e, mais do que isso, do acesso à justiça como um direito-garantia – "o mais básico dos direitos humanos", nas palavras de Cappelletti e Garth – está patente nesse comentário de Barbosa Moreira. Desse modo, devemos ter consciência da amplitude do conceito de assistência jurídica, bem como de sua evidente vinculação com o tema do acesso à justiça.

Imprescindível enfatizar que o acesso à justiça não se resume à "inafastabilidade do Poder Judiciário" nem à "assistência jurídica". Urge compreender que a partir do relatório *Acesso à justiça* esse conceito ganhou uma amplitude maior, tomando como base – como já afirmado anteriormente – a existência das barreiras financeira, cultural e psicológica e as três ondas propostas para superar essas barreiras e ampliar o acesso à justiça. Essa proposta de ampliação do acesso à justiça é relevante e atual até os dias de hoje, tanto para a comunidade internacional como para o Brasil.

A análise das primeiras publicações de leituras brasileiras do relatório *Acesso à justiça* revela que, no Brasil, não era presente a possibilidade de expansão do *Welfare State* e de efetivação de novos direitos (como das minorias étnicas e sexuais), mas a necessidade de expansão dos direitos básicos para maioria da população que a eles não tinha acesso (como consequência da tradição liberal-individualista do ordenamento jurídico brasileiro, entre outras razões)[51].

Depois da Constituição de 1988 o tema volta a ser discutido no cenário jurídico-político brasileiro com a aprovação da Emenda Constitucional 22, de 1999, que criou os juizados especiais no âmbito da Justiça Federal, e de leis que tinham como objetivo principal reduzir a lentidão dos processos e a morosidade da justiça (vale dizer:

---

51. Eliane Botelho JUNQUEIRA, *Acesso à Justiça: um olhar retrospectivo*, p. 01.

lei nº 10.352/01, a respeito do sistema recursal; lei nº 10.358/01, a respeito do processo de conhecimento; e lei nº 10.444/02, a respeito do processo de execução).

A maior inovação no que diz respeito à Reforma do Judiciário veio com a promulgação da Emenda Constitucional nº 45, de 2004 (conhecida como Emenda da Reforma do Judiciário), que buscou consolidar os processos de reforma já mencionados – quais sejam: razoável duração do processo, proporcionalidade entre número de juízes, unidade jurisdicional e demanda judicial, distribuição imediata de processos em todos os graus de jurisdição e funcionamento ininterrupto da atividade jurisdicional. Entre as mudanças decorrentes da EC 45, a mais significativa foi a criação do Conselho Nacional de Justiça (CNJ), como resultado de proposta do Poder Executivo apresentada pela Secretaria da Reforma do Judiciário (SRJ). { extinta no final de 2015 ainda durante o segundo mandato da presidente Dilma Rousseff}.

O CNJ tem sede em Brasília (DF), criado em 31 de dezembro de 2004, sendo instalado em 14 de junho de 2005. É um órgão formado por quinze membros com mandato de dois anos (admitida uma recondução), atuante em todo território nacional. Tem como finalidade reformular quadros e meios no Judiciário, particularmente no que se refere ao controle e transparência administrativa e processual, contribuindo assim para o planejamento, a coordenação e o controle no serviço público da prestação da justiça. Suas diretrizes compreendem o planejamento estratégico e a proposição de políticas judiciárias, a modernização tecnológica do Judiciário, a ampliação do acesso à justiça, a pacificação e responsabilidade social e a garantia de efetivo respeito às liberdades públicas e execuções penais [www.cnj.gov.br].

No âmbito federal, o tema do acesso à justiça foi apresentado como uma das prioridades da Reforma do Judiciário. Tal vinculação de temas parece supor que só por meio da Reforma do Judiciário é possível a ampliação do acesso à justiça. Cumpre observar que o Poder Judiciário tem um papel relevante e de fundamental importância na ampliação do acesso à justiça para a maioria da população brasileira. Entretanto, não é a única instituição responsável por essa tarefa. A fim de garantir que o direito de acesso à justiça alcance o maior número de pessoas – de forma concreta e efetiva –, devemos pensar na elaboração de uma estratégia de atuação que conte com o envolvimento de instituições judiciárias e não judiciárias. Dito de outro modo: uma atuação institucional plural.

Isso é assim devido a diversos fatores. Neste estudo, apresento dois. O primeiro está relacionado ao volumoso número de casos que o Poder Judiciário recebe a cada ano.

> Em 2009 mais de 25 milhões de casos novos ingressaram no Judiciário. Isso significa 11.865 casos novos a cada 100.000 habitantes. Uma média de 1.120 casos novos por magistrado no 1º Grau e 1.196 casos novos por magistrado no 2º Grau.(...)[52]

O outro fator está relacionado com o próprio Poder Judiciário, que – em alguns casos – reconhece sua inadequação para julgar determinado conflito. Como exemplo dessa afirmação temos um acórdão da Segunda Câmara de Direito Privado do Tribunal de Justiça de São Paulo, que manteve decisão da terceira vara de Valinhos negando um pedido de indenização por danos morais (com votação unânime) proposto por um homem contra seus cunhados, ale-

---

52. Victor NÓBREGA LUCCAS; Daniel TAVELA LUIS; Sergio ZAHR FILHO. *Uma Justiça de olhos para a modernidade*. Custo Brasil, p. 24.

gando ter sofrido constantes provocações e agressões verbais em reuniões de família, tornando dessa feita o convívio familiar insuportável. Nesse voto, a própria instância judicial declara não ser a esfera adequada para o julgamento de conflitos oriundos de relações interpessoais.[53] Assevera o voto do relator do recurso, desembargador José Carlos Ferreira Alves:

> O Poder Judiciário não pode ser acionado com a finalidade de satisfazer frustrações pessoais... Vejo apenas desejo de vingança decorrente de algumas discussões familiares, vingança essa que o autor da ação visa a conseguir a qualquer preço e por todos os meios possíveis. É com muito pesar que vejo tal apelação, posto que do seu julgamento provavelmente surgirão desavenças ainda maiores entre as partes.[54]

A elaboração de uma atuação institucional plural requer que seja levada em consideração a constituição de novas esferas da justiça. É preciso enfatizar que, no processo de constituição dessas novas esferas que tenham como objetivo a ampliação do acesso à justiça, em alguns casos essas esferas serão parte integrante do projeto de Reforma do Judiciário e outras vezes não.

Em outras palavras, a constituição de novas esferas da justiça pode tanto contar com a colaboração do Poder Judiciário integrando o esforço de Reforma do Judiciário como também as novas esferas da justiça podem ser viabilizadas por meio – entre outras – das seguintes alternativas: 1) constituição por instituições do próprio Estado, com a presença ou não do Poder Judiciário; 2) constituição apenas e tão somente por organizações da sociedade

---

53. Briga em família não gera dano moral TJSP Clipping Eletrônico AASP 10 de agosto de 2011.
54. Id. ibid.

civil em geral; e 3) constituição por meio de uma parceria entre poder público e sociedade civil.

Por uma justiça coexistencial

A proposta da criação de formas alternativas de justiça diversas da justiça tradicional baseada no contencioso foi defendida por Cappelletti em uma conferência pronunciada em Curitiba, em 18 de novembro de 1991, na sessão inaugural do Congresso de Direito Processual:

> Entendo, com efeito, que em muitos aspectos da vida contemporânea o que mal se justifica é precisamente o caráter contencioso da relação, o qual deve ser, tanto quanto possível, evitado ou atenuado. Isso é verdade sobretudo quando entre as partes subsistem relações duradouras complexas e merecedoras de conservação. Em tais relações, a lide não representa outra coisa senão um momento ou sintoma de tensão que, nos limites do possível, deve ser tratada. A decisão judicial emitida em sede contenciosa presta-se otimamente a resolver relações isoláveis e meramente interindividuais; ela se dirige a um episódio do passado, não destinado a perdurar. A justiça coexistencial, pelo contrário, não visa a trancher, a decidir e definir, mas antes a "remendar" (falei justamente de uma *mending justice*) uma situação de ruptura ou tensão, em vista da preservação de bem mais duradouro, a convivência pacífica de sujeitos que fazem parte de um grupo ou de uma relação complexa, à qual dificilmente poderiam subtrair-se[55].

55. Mauro CAPPELLETTI, *Problemas de Reforma do Processo nas Sociedades Contemporâneas*, p. 123.

No mesmo texto Cappelletti, na tentativa de ilustrar as possibilidades de implementação dessa forma de justiça, afirma que a justiça coexistencial não deve ser exercida pelo juiz de direito mas por pessoas da própria comunidade:

> É óbvio que o êxito da justiça coexistencial dependerá em larga medida da autoridade do "conciliador", uma autoridade que porém não deve ser a autoridade oficial do juiz – a *potestas jus dicendi* –, mas deverá ser antes uma autoridade social – moral, cultural, política em sentido amplo –, a autoridade do amigo, do vizinho, de quem, em suma, se legitime a representar dado grupo ou comunidade. Ter-se-ão, pois, as mais diferenciadas espécies de mediadores ou conciliadores (ou de *ombudsperson* de bairro, de fábrica, de escola, de hospital, etc.). Não é por acaso que se fala também de "justiça social" e de "tribunais sociais", exatamente para contrapô-los à justiça e aos tribunais "jurídicos" ou "oficiais"[56].

A proposta de Cappelletti de uma "justiça coexistencial" e que tenha como objetivo principal a preservação da "convivência pacífica", o "bem mais duradouro", é uma aposta na constituição de novas esferas da justiça. É preciso enfatizar que essas novas esferas não devem substituir o Judiciário naqueles casos em que essa instituição deve ser considerada, como exemplo extremo: questões relativas aos direitos indisponíveis. Mas o que devem fazer tais novas esferas é realizar uma atuação experimental acompanhada pelo próprio Estado e a sociedade civil com presença atuante e propositiva da universidade, a fim de oferecer material e insumo para reflexão de todos da relevância dessas novas esferas.

---

56. Mauro CAPPELLETTI, *Problemas de Reforma do Processo nas Sociedades Contemporâneas*, p. 124.

Nesse sentido, a ideia de uma justiça coexistencial lançada por Cappelletti no Brasil há mais de 20 anos é um exemplo de atuação de um professor visionário e comprometido com busca de soluções práticas para o desafiante tema do acesso à justiça, que deve ser seguido por todos nós.

Esferas da justiça para o reconhecimento

Ao abordarmos o tema das esferas da justiça, é obrigatório citar o filósofo norte-americano Michael Walzer, já que foi ele – no ano de 1983 – que criou esse conceito ao publicar o livro *Esferas da justiça: uma defesa do pluralismo e da igualdade*. Nesse livro, Walzer analisa as seguintes esferas da justiça: afiliação, segurança e bem-estar social, dinheiro e mercadorias, cargos públicos, trabalho árduo, lazer, educação, parentesco e amor, graça divina, reconhecimento e poder político.

O conceito de "esfera" deve ser entendido da forma mais nominal possível. Podemos falar – por exemplo – da "esfera da educação" e de esferas separadas de "educação básica" e "educação liberal e profissional", como for mais conveniente. Dar nomes às "esferas" é apenas uma questão de conveniência da exposição[57].

Walzer esclarece o significado de "igualdade complexa", conceito básico para a adequada compreensão de estruturação de novas "esferas da justiça". Diz ele:

> O caráter da tirania é sempre específico: atravessar determinada fronteira, determinada transgressão do significado social. A igualdade complexa requer a defesa das fronteiras; funciona por intermédio da delimitação

---

57. Govert den HARTOGH, *The architectonic of Michael Walzer's theory of justice*, p. 14.

dos bens, da mesma forma que a hierarquia diferencia as pessoas. Mas só podemos falar de um regime de igualdade complexa quando há muitas fronteiras a defender; e não é possível especificar o número certo. Não existe número certo. A igualdade simples é mais fácil: um bem predominante amplamente distribuído torna igualitária a sociedade. Mas a complexidade é difícil: quantos bens é preciso criar de maneira autônoma para que as relações que intermediam possam tornar-se relações de cidadãos iguais? Não existe resposta certa e, por conseguinte, não existe regime ideal. Mas, assim que começamos a distinguir significados e delimitar esferas distributivas, ingressamos numa empreitada igualitária[58].

Walzer fala de esferas da justiça distributivas de determinados tipos de bens. O conceito de bem a que faz referência o autor é definido por John Rawls na obra *Teoria da Justiça*:

A ideia principal é que o bem de uma pessoa é definido por aquilo que para ela representa o plano de vida mais racional a longo prazo, dadas circunstâncias razoavelmente favoráveis. Uma pessoa é feliz quando ela mais ou menos é bem-sucedida na realização desse plano. De uma forma breve, o bem é a satisfação do desejo racional. Devemos supor, então, que cada indivíduo tem um plano racional de vida traçado de acordo com a situação em que se encontra. Esse plano é traçado de modo a permitir a satisfação harmoniosa de seus interesses[59].

---

58. Michael WALZER, *Esferas da justiça*, p. 35.
59. John RAWLS, *Uma teoria da justiça*, p. 111.

Neste livro farei referência a esferas da justiça para resolução de diversos tipos de conflitos oriundos da convivência humana. O que importa dizer é que defendo a ideia que a lógica plural da constituição dessas "novas esferas da justiça" é baseada no conceito de igualdade complexa, que tem como requisito a "defesa das fronteiras", já que é no árduo processo de defesa de fronteira que as diferentes esferas terão reveladas suas especificidades. De modo que é possível afirmar que a delimitação da fronteira – de modo empírico e não só teórico – é parte integrante desse processo de constituição.

O que deve orientar a criação dessas esferas da justiça é a busca de uma "esfera" apropriada para cada diverso tipo de conflito. Conforme anteriormente afirmado, a criação dessas esferas pode integrar ou não a Reforma do Judiciário. Um exemplo da implementação de novas esferas da justiça – como uma estratégia de Reforma do Poder Judiciário – é a criação dos Juizados Especiais dos Aeroportos em agosto de 2009. De acordo com o jornal *Correio Braziliense*[60], até aquela data 2.740 atendimentos foram realizados, sendo 476 acordos e 1.277 pedidos de informação. Os juizados foram instalados nos aeroportos de Cumbica e Congonhas em São Paulo, Santos Dumont no Rio de Janeiro e JK em Brasília. Complementando essa notícia, a agência de notícias do CNJ[61] esclarece que desde sua criação os juizados já receberam aproximadamente 10 mil reclamações, das quais 30% foram resolvidas por meio de acordo amigável entre as partes.

Outro exemplo de novas esferas (com a participação de uma instituição do Estado, mas sem a participação do Poder Judiciário) é o Centro de Atendimento Multidisciplinar (CAM) da Defensoria Pública do Estado de São Paulo. A defensoria realizou seu primei-

---

60. *Correio Braziliense*, 24 de agosto de 2010, p. 24.
61. Agência de Notícias do CNJ, Clipping da AASP, 08 de abril de 2011.

ro concurso para psicólogos e assistentes sociais em fevereiro de 2010 e implementou o CAM em abril de 2011. Os assistentes sociais e psicólogos selecionados no concurso de 2010 estão distribuídos em três diferentes espaços: os CAMs, os Núcleos Especializados e a Assessoria Técnica Psicossocial. De acordo com material de distribuição interna da assessoria técnica psicossocial, "três direções principais disciplinam e estruturam o funcionamento dos CAMs: 1) mapeamento e articulação da rede de serviços; 2) apoio ao atendimento inicial nas regionais da defensoria; e 3) educação em direitos humanos e resolução extrajudicial de conflitos"[62].

A proposta deste livro é a criação de esferas da justiça para o reconhecimento, cujo objetivo principal é a mediação de conflitos interpessoais e que, para atingir esse fim, devem cumprir uma etapa prévia, vale dizer: o reconhecimento da pessoa.

---

62. Agradeço a gentileza e atenção das assistentes sociais da Defensoria Pública do Estado de São Paulo pela cessão de documento de circulação interna sobre o CAM.

PARTE II:
CONFLITOS INTERPESSOAIS, RECONHECIMENTO DA PESSOA E PROMOÇÃO DOS DIREITOS HUMANOS

A convivência em questão

A convivência entre homens e mulheres acontece no espaço dos relacionamentos interpessoais que perduram no tempo e com relativa proximidade. Proponho dividir esses relacionamentos em dois tipos principais, conforme o espaço social em que ocorram: a) relacionamento interpessoal privado, no espaço doméstico, com relações, por exemplo, entre marido e mulher, mãe e filho, padrasto e enteada; e b) relacionamento interpessoal público, no espaço público, com relações, por exemplo, em uma escola entre alunos ou entre aluno e professor, no ambiente de trabalho entre os empregados ou entre o empregado e o patrão, no espaço de uma rua ou de um bairro entre vizinhos.

Zygmunt Bauman, no livro *Amor líquido: sobre a fragilidade dos laços humanos*[63], mostra a nova estrutura das relações interpessoais

---

63. Livro publicado em 2003 com tradução brasileira em 2004 pela editora Jorge Zahar.

privadas em tempos de "modernidade liquida". Já Richard Sennet, no livro *O declínio do homem público e as tiranias da intimidade*[64] faz uma reflexão a respeito da dificuldade e dos desafios dos relacionamentos interpessoais no espaço público. No ano de 2001, Bauman faz o seguinte comentário sobre o livro de Sennet:

> Há muito tempo, Richard Sennet cunhou a expressão 'Gemeinschaft destrutivo' – uma comunidade sistematicamente destruída e que destrói de forma metódica seus membros pelo culto da sinceridade irrestrita, a renúncia à própria privacidade e o desrespeito à privacidade dos outros; a revelação de sentimentos que são e que deveriam ser íntimos; e a exigência de que essa sinceridade seja retribuída (ato que só pode embaraçar os parceiros e colocá-los numa posição insuportavelmente incômoda).[65]

Seja no espaço público ou no privado, o viver junto, a convivência, transformou-se em um problema. Ao ser problematizada a convivência, surgem várias questões, entre elas a violência que pode surgir dos conflitos oriundos de relacionamentos interpessoais e as formas de evitá-la.

Conflitos interpessoais e violência

> A Força do Direito
> Comigo não é bem assim
> meu direito é a força[66]

Para iniciar o estudo da relação existente entre conflitos interpes-

---

64. Livro publicado em 1986 com tradução brasileira em 1988 pela Companhia das Letras.
65. Zygmunt BAUMAN, *Bauman sobre Bauman*, p. 140.
66. Francisco ALVIM. Poemas (1968-2000) p. 235.

soais e violência importa definir com qual tipologia de violência irei trabalhar. Decidi adotar o conceito da Organização Mundial de Saúde (OMS):

> Uso intencional da força física ou do poder, real ou potencial, contra si próprio, contra outras pessoas ou contra um grupo ou uma comunidade, que resulte ou tenha grande possibilidade de resultar em lesão, morte, dano psicológico, deficiência de desenvolvimento ou privação[67].

Nessa definição, de acordo com as características do autor do ato violento, a violência é dividida em três categorias: a) autoinfligida: dirigida contra si mesmo; b) interpessoal: infligida por outra pessoa ou grupo; e c) coletiva: infligida por conjuntos maiores, como Estados, grupos políticos organizados, milícias ou organizações terroristas. Meu interesse está concentrado na violência interpessoal, que pode ser dividida em: a) violência da família ou dos parceiros íntimos; e b) violência comunitária.

Essa forma de violência é recorrente no Brasil e em várias partes do mundo, atingindo diversos grupos vulneráveis: mulheres, jovens e crianças. O relatório mundial sobre violência e saúde da OMS de 2002 observa que, no tocante à violência no ambiente doméstico, sobressai a violência contra a mulher. Alguns dados do relatório merecem ser citados: a) em 48 pesquisas com diversas populações de todo o mundo, de 10% a 69% das mulheres relataram já terem sofrido alguma espécie de violência física por parte de seus parceiros íntimos; b) essa violência física é frequentemente acompanhada de abuso psicológico e em 1/3 dos casos por abuso sexual;

---

67. E. G. FRUG, *Relatório mundial sobre violência e saúde* (2002). Para um estudo mais detalhado da definição da violência, consulte meu livro em coautoria com Paulo Sérgio Pinheiro, *Violência urbana*, especialmente capítulo 1, "O que é a violência?", pp. 12-26.

c) vários estudos demonstram que entre 40 e 70% das mulheres assassinadas foram mortas por maridos ou namorados.[68]

Uma explicação possível para esses números é que nas relações familiares ou de parceiros íntimos existe uma ambivalência de sentimentos entre amor e ódio, atração e repulsa. O que indica a existência de uma relação entre a proximidade da relação e a intensidade do conflito[69].

Nas relações interpessoais entre parceiros íntimos ou entre pessoas de uma mesma comunidade (que se conhecem ou não), chama a atenção o elevado número de homicídios resultante dessas relações. Renato Sérgio de Lima (coordenador do Fórum Brasileiro de Segurança Pública) – na sua clássica dissertação de mestrado – indica que o maior número de homicídios cometidos no município de São Paulo – em 1995 – tem como "principal motivo desencadeador" os conflitos interpessoais diversos.[70] O autor observa em relação aos homicídios que "a lógica privada e violenta de resolução de conflitos estaria determinando o movimento destes crimes"[71]. Quanto ao papel do Estado no sentido de oferecer alternativas para solução pacífica de conflitos, a conclusão do autor continua atual:

> Um Estado que não consegue se fazer presente no espaço urbano – a não ser pelo lado obscuro e violento da ação policial, – não consegue legitimidade suficiente para habilitar-se como instrumento de pacificação social. Emblemática desta situação, a falência gerencial pela qual passa a cidade provoca rupturas importantes na forma como o indivíduo vê o seu entorno e

---

68. E. G. FRUG, *Relatório mundial sobre violência e saúde* (2002) p.69.
69. Lewis COSER, *The Functions of Social Conflict*, p. 67.
70. Renato Sérgio de LIMA, *Conflitos Sociais e criminalidade urbana*, p.76.
71. Id. Ibid., p. 87.

> como ele constrói suas relações sociais. Nesse processo, a vida perde seu valor moral e a morte violenta passa a ser a linguagem corrente.[72]

Em um contexto como esse a solução privada de conflitos surge como uma alternativa perversa. Para o desenvolvimento do raciocínio a seguir apresento a "solução privada" de uma desavença no trânsito que beira o absurdo...

O fato a seguir narrado é um conflito interpessoal no espaço de uma comunidade. Mais especificamente: de um lado duas pessoas em um carro e do outro centenas de ciclistas em Porto Alegre em 25 de fevereiro de 2011 (uma sexta-feira). O conflito terminou em um atropelamento. Diz a notícia:

> Depois de atropelar 16 ciclistas na última sexta-feira em Porto Alegre, fugir sem prestar socorro e abandonar o carro sem as placas, o funcionário do Banco Central Ricardo Reis, 47, apresentou-se ontem à polícia e alegou legítima defesa – disse que temeu ser linchado.
>
> (...) O atropelamento ocorreu às 19h10 de sexta, quando o motorista arremeteu contra 130 pessoas que participavam de um passeio ciclístico.
>
> Imagens captadas por celulares e que correram as redes sociais mostram bicicletas voando após o choque com o Golf preto em aceleração, gritos e o carro em fuga[73].

A respeito do mesmo fato Dailor Sartori – um dos organizadores da "bicicletada" – dá a sua versão do ocorrido:

---

72. Renato Sérgio de LIMA, *Conflitos Sociais e criminalidade urbana*, p. 103.
73. *Folha de S. Paulo*, 01 de março de 2011, p. C 10.

> Quando entramos na pista para o passeio, percebi que um carro estava avançando contra as bicicletas. Algumas pessoas disseram que ainda tentaram acalmar o motorista, explicando que ali havia crianças e idosos e pedindo que ele esperasse um pouco ou fosse por uma outra rua. Mas ele avançou mesmo assim.
>
> Escutei estouros como se estivessem dando tiros contra nós e, quando me virei para ver o que era, fui jogado para cima. Não sei se fui atingido por uma bicicleta ou pelo carro. Só consegui ver o vulto de um carro preto passando por mim.[74]

O que chama a atenção nessa notícia é não só a violência praticada pelo motorista contra desarmados ciclistas, como também sua completa indisponibilidade para o diálogo. Em face de centenas de pessoas que se colocavam como obstáculo em sua trajetória no trânsito, Ricardo Reis (o motorista) não tentou fazer uso da palavra, conversar, pedir para que os manifestantes saíssem do seu caminho. Diante deles, a reação foi "literalmente" passar por cima. E dessa forma um motorista (acompanhado de seu filho de 15 anos) atropelou 16 ciclistas.

Ao comentar a pesquisa encomendada pelo Departamento de Trânsito do Governo do Espírito Santo – que tinha como objetivo descobrir as razões do comportamento dos cidadãos capixabas no trânsito –, Roberto Da Matta mostra como a violência é parte integrante do fenômeno da convivência entre pedestres e condutores:

> As reações negativas são constantes quando focamos o modo pelo qual pedestres e condutores de veículos confrontam-se e medem-se no trân-

---

74. *Folha de S. Paulo*, 01 de março de 2011, p. C 10.

> sito, engendrando aquilo que todos chamam e classificam como incivilidade e violência. Uma violência assustadora mas tolerada e até mesmo esperada, que aflora na forma de um número infinito de gestos grosseiros e numa epidemia de acidentes cujo fundo tem ligação direta com um estilo específico de construir, ocupar e usar o espaço público, seja como pedestre ou como condutor. [75]

Se o substantivo "ciclista" fosse incluído nesse comentário, o mesmo serviria de análise do episódio do atropelamento dos ciclistas de Porto Alegre. Esse fato é ilustrativo de várias condições que acabam por estabelecer um ambiente propício à utilização da violência como forma de resolução de conflitos. São eles: a) a existência de um contexto tolerante à violência; b) a inexistência de autoridades capazes de promover o diálogo; e c) um individualismo exacerbado.

A existência de um grupo totalmente centrípeto e harmônico é impossível, pois não permitiria o surgimento de nenhum processo vital e de nenhuma estrutura estável[76]. Dessa forma o conflito não deve ser visto de forma negativa, mas, sim, enquanto uma das formas elementares do processo de socialização[77]. De modo sintético, pode-se afirmar que a principal característica positiva do conflito é oferecer a possibilidade do surgimento de um potencial criativo capaz de auxiliar famílias, organizações, grupos étnicos e Estados a definirem e redefinirem suas identidades por meio da mudança, adaptações e inovações em face da situação causada pelo conflito[78].

O episódio com os ciclistas de Porto Alegre é também revelador

---

75. Roberto da MATTA. *Fé em Deus e pé na tábua, ou Como e por que o trânsito enlouquece no Brasil.* p.49.

76. George SIMMEL, *The Sociology of Conflict*, p. 11.

77. Id. Ibid., p. 12.

78. *Conflicts, Function, Dynamics and Cross level analysys*, p. 10.

da lógica subjacente a um modo pessoal e privado de resolução de conflitos. O automóvel como ícone do individualismo moderno[79] atropela mais de uma centena de bicicletas. Esta é um meio de transporte também individual, mas não poluente, que faz um uso racional do espaço público, além de estimular a convivência social.

Reveladora nesse sentido a experiência de David Byrne, que desde os anos 1980 usa a bicicleta como principal meio de transporte e tem "pedalado" por diversas cidades do mundo, tais como: Berlim, Istambul, Buenos Aires, Manila, Sydney, Londres, São Francisco, Nova York, entre outras. Como resultado dessa experiência de vida, publica o livro *Diários de bicicleta*, no qual narra sua trajetória como ciclista cosmopolita, afirmando de modo conclusivo:

> (...) é o sentimento de liberdade – a sensação física e psicológica – que é mais persuasivo do que qualquer argumento prático. Ver coisas de um ponto de vista próximo ao dos pedestres, vendedores e vitrines de loja, além do fato de se locomover de forma não inteiramente afastada da vida que ocorre nas ruas é puro prazer.
>
> Observar e participar da vida de uma cidade – mesmo para uma pessoa reticente e frequentemente tímida como eu – é uma das maiores alegrias da vida. Ser uma criatura social – isto faz parte do que significa ser humano[80].

O motorista do caso em tela tem outra experiência como condutor de um automóvel particular e diante dos ciclistas adota a ética da potência. No contexto desse evento, preciso o comentário de Bobbio no texto "Ética da potência e ética do diálogo":

---

79. Roberto da MATTA. *Fé em Deus e pé na tábua, ou Como e por que o trânsito enlouquece no Brasil.* p.24.
80. David BYRNE, *Diários de bicicleta*, p. 320.

> Quando falo de relações de potência – e as relações entre grandes Estados em uma situação de ainda persistente anarquia nas relações internacionais, não obstante a Organização das Nações Unidas, são essencialmente relações de potência –, pretendo falar de relações entre dois indivíduos ou grupos em que é intrínseca a tendência de um esmagar o outro[81].

No marco dos relacionamentos interpessoais podemos optar entre o exercício da potência ou do diálogo. Ao fim e ao cabo é uma escolha entre uma forma de ação violenta e outra não violenta. Servindo a convivência simultaneamente como um fator de estímulo e um desafio à prática do diálogo e o individualismo exacerbado, apenas e tão somente, como um convite ao exercício da potência.

Indivíduo e individualismo

O "individualismo como ideologia" é característica marcante e diferencial da sociedade ocidental, diversamente de outras sociedades como a hindu e africana, consideradas holísticas. A esse respeito, esclarecedor o comentário de Louis Dumont:

> Assim, quando falamos de um indivíduo, designamos duas coisas de uma só vez: um objeto fora de nós e um valor. A comparação nos obriga a distinguir analiticamente esses dois aspectos: de um lado, o sujeito empírico falante, pensante e desejante, uma amostra individual da espécie humana, tal como é encontrada em todas as sociedades, e de outro, o ser moral independente, autônomo e por conseguinte essencialmente não social, que traz os nossos valores supremos

---

81. Norberto BOBBIO, *O terceiro ausente*, p. 205.

> e se encontra em primeiro lugar em nossa ideologia moderna do homem e da sociedade. Deste ponto de vista, há duas espécies de sociedades. Onde o indivíduo é o valor supremo, eu falo do individualismo; no caso oposto, onde o valor se encontra na sociedade como um todo, eu falo do holismo[82].

Tal "ideologia" tem suas raízes históricas profundas na Revolução Francesa, que, como um dos primeiros atos da "revolução do direito" que teve lugar na noite de 04 de agosto de 1789, decretou a abolição dos privilégios da nobreza fundamentada em dois princípios: 1) o individualismo; e 2) a igualdade de direitos[83].

No que tange à história das mentalidades, o surgimento do conceito de indivíduo está relacionado a mudanças de atitudes e mentalidades que transformam a forma de pensar e agir dos homens e mulheres em relação a si próprios e aos outros. Tais mudanças começam a ocorrer no século XIV e "assinalavam o advento do indivíduo fechado em si mesmo, cujas fronteiras tinham de ser respeitadas na interação social. A compostura e a autonomia requeriam uma crescente autodisciplina"[84].

O indivíduo como valor supremo é também uma característica da pós-modernidade. Pois é neste momento histórico que desaparecem todas as barreiras institucionais impostas aos indivíduos, possibilitando-se a revelação ilimitada dos desejos subjetivos[85]. É na pós-modernidade (também chamada de modernidade líquida, modernidade reflexiva, hipermodernidade, entre outros termos recorrentes) que o vínculo existente – desde o direito natural mo-

---

82. DUMONT, Louis, *Essais sur l'individualisme*, p. 37
83. Jean-Marie CARBASSE, *Histoire du Droit*, p. 110.
84. Lynn HUNT, *A invenção dos direitos humanos*, p. 83.
85. Sébastien CHARLES, *O indivíduo paradoxal*, pp. 22-23.

derno – entre Direitos Humanos e individualismo é consagrado, ousamos dizer, de forma absoluta. É o que afirma Gilles Lipovetsky:

> A cultura hiperindividualista coincide com a desconfiança contra o político e com a consagração ideológica dos direitos humanos erigidos em fundamento último e universal da vida em sociedade. Sagração dos direitos humanos que completa o processo de reconhecimento do indivíduo como referencial absoluto, última bússola moral, jurídica e política de nossos contemporâneos desligados de todas as antigas formas de inclusão coletiva[86].

No contexto de uma cultura hiperindividualista característica da sociedade ocidental contemporânea, a escolha de uma forma de resolução de conflitos que se caracteriza pelo exercício da ética da potência ao invés da ética do diálogo é, para dizer o mínimo, compreensível. Importante ter em mente que a potência só reconhece a si própria e, como consequência, em muitos casos, o exercício da potência é inseparável do exercício da violência. Se o exercício da potência muitas vezes vem acompanhado da violência, o diálogo é instrumento imprescindível de soluções não violentas de conflitos, uma vez que o reconhecimento do outro como pessoa é um pré-requisito para a instauração do diálogo[87].

Sujeito autônomo ou reconhecimento?

> Tragicamente, o homem está perdendo o diálogo com os demais e o reconhecimento do mundo que o rodeia, sendo que é ali onde se dão o

---

86. Gilles LIPOVETSKY, *Os tempos hipermodernos*, pp. 51-52.
87. Norberto BOBBIO, *O terceiro ausente*, p. 208.

encontro, a possibilidade de amor, os gestos supremos da vida[88].

A discussão a respeito de teorias da justiça não é objetivo central deste livro. Todavia, é importante esclarecer qual conceito de liberdade fundamenta as esferas da justiça para convivência. Não se trata da liberdade como livre arbítrio, de um sujeito atomizado desvinculado de toda a sociedade que o circunda. De forma sintética: entre Kant e Hegel, optamos por Hegel. De modo conciso e direto aduz Roberto Gargarella:

> enquanto Kant mencionava a existência de certas obrigações universais que deveriam prevalecer sobre aquelas mais contingentes, derivadas do fato de pertencermos a uma comunidade particular, Hegel invertia essa formulação para dar prioridade a nossos laços comunitários. Assim, em vez de valorizar – junto com Kant – o ideal de um sujeito "autônomo", Hegel defendia que a plena realização do ser humano derivava da mais completa integração dos indivíduos em sua comunidade[89].

Na apresentação de sua teoria da justiça em processo de construção, Axel Honneth esclarece a concepção intersubjetiva de liberdade que norteia seu pensamento:

> a realização da liberdade denota, para que se obtenha um ganho de poder de ação, como através da afirmação por parte de todos os outros, a compreensão acerca das capacidades e desideratos individuais. Apenas quando nós compreendemos este processo como eventos

88. Ernesto SABATO, *La Resistencia*, p. 14.
89. Roberto GARGARELLA, *As teorias da justiça depois de Rawls*, p. 137.

de reciprocidade (*wechselseitiges Geschehen*) entre dois sujeitos, será fácil compreender por que para Hegel as relações intersubjetivas não deviam construir uma limitação, mas uma condição da liberdade subjetiva: o indivíduo está capacitado para o desenvolvimento da autonomia apenas na medida em que entretém relações com outros sujeitos, as quais possibilitem com sua forma o reconhecimento recíproco de personalidades individuadas[90].

Na tentativa de elaborar uma teoria social crítica orientada de forma intersubjetiva, Honneth utiliza o conceito tripartite de reconhecimento hegeliano. Para evitar os problemas da atualização de uma teoria carregada de elementos idealistas, como a de Hegel, em tempos pós-metafísicos, pode-se valer do pensamento de George Herbert Mead para dar suporte material às três dimensões de reconhecimento intersubjetivo: a) o amor; b) o direito; e c) a solidariedade.[91] No âmbito deste livro, teceremos breves comentários a propósito da primeira e da segunda dimensão do reconhecimento.

O Amor como dimensão do reconhecimento

A fim de conceituar a dimensão de reconhecimento do amor, devem ser consideradas as relações eróticas entre dois parceiros, de amizade e entre pais e filhos[92]. O "amor" entre pai e filho não é apenas a primeira etapa da dimensão do reconhecimento, é o que dá o fundamento para todas as outras relações. Lapidar o comentário de Honneth:

---

90. Axel HONNETH, *Justiça e liberdade comunicativa.Reflexões em conexão com Hegel*, p. 106.
91. Axel HONNETH, *Luta por reconhecimento*, p. 153-154.
92. Id., ibid., p. 159.

> ela precede, tanto lógica como geneticamente, toda outra forma de reconhecimento recíproco: aquela camada fundamental de uma segurança emotiva não apenas na experiência, mas também na manifestação das próprias carências e sentimentos, propiciada pela experiência intersubjetiva do amor, constitui o pressuposto psíquico de todas as outras atitudes de autorrespeito[93].

Na hipótese de essa "camada fundamental de segurança emotiva" não ser estabelecida da forma adequada, as sequelas emocionais desse relacionamento permanecerão presentes e atuantes na vida adulta da pessoa.

Os exemplos literários dessa questão são inúmeros. Um deles é o de Graciliano Ramos (1892-1953), que escreveu sua primeira obra autobiográfica *Infância* logo depois de sair da prisão, no ano de 1945. Em *Memórias do Cárcere*, obra póstuma publicada no ano de sua morte – 1953 –, faz uma reflexão pessoal sobre o período (1936-1937) em que foi prisioneiro político. Mas antes Graciliano fez uma reflexão a propósito de outra situação opressiva....

Para mostrar um exemplo literário de um reconhecimento interpessoal que não se completou, optei por uma obra literária mais recente. Trata-se do romance *Pai, pai*, de João Silvério Trevisan, de 2017. No capítulo "Marcas do abandono" (p. 13), o autor expõe a complexidade da relação com seu pai:

> Meu caso é emblemático: mesmo tendo trabalhado a figura paterna em boa parte dos duzentos e oitenta (ou mais) anos de análise/terapia que fiz, a partir de minha adolescência,

---

93. Axel HONNETH, *Luta por reconhecimento*, p. 177.

chego à velhice ainda preso a essa força que pode ser paralisante, mas também mobilizadora, até o ponto de me conduzir como uma marionete da dor, talvez até mesmo da desesperança. (...)

A violência física do pai é exposta, de forma literal, no capítulo intitulado "Coisas que me desgostava, de criança" (p. 35):

> - Receber chutes e tapaços do meu pai, em momentos imprevistos, sentindo a brutalidade do seu ódio, mas sem conseguir compreender por que me espancava.

A violência e o desamparo não se resumem à relação do autor com seu pai. Mas à família como um todo:

> (...) Ainda segundo minha irmã, mesmo resignada nossa mãe reagia aos ataques do meu pai, durante as brigas. Investia contra ele, com vassouras e atirando latas, para se defender. Testemunhamos brigas ferozes, como nosso pai atacando-a com uma pá de madeira de tirar pão do forno – cena assustadora, inesquecível. Nós, os filhos pequenos, ficávamos aterrorizados e chorávamos aos berros, suplicando que parassem de brigar.(...) {p.40}

Na velhice do autor, o tema do desamparo continua presente:

> Durante muito tempo, eu me afligia ao ouvir crianças chorando, ainda que anônimas ou distantes. Aos poucos, a sensação foi amainando, como quando a gente se acostuma com uma dor. Mas ainda hoje resta a sensação incômoda do desamparo infantil, que me afeta de repente, sempre que ouço o choro de uma criança, mesmo nos braços da mãe. É uma espécie de

cacoete psicológico que, nesses momentos, expõe certa ferida mal cicatrizada. (...) {p.41}

Essa sensação perene de abandono e falta de proteção é o sinal da falta de reconhecimento como pessoa na infância. A ausência de reconhecimento na primeira dimensão do reconhecimento acarretará a falta de autoconfiança na vida adulta.

O Direito como dimensão do reconhecimento

O Direito como dimensão de reconhecimento é relacional e normativo. O que significa dizer que só nos reconhecemos como pessoas que possuem a capacidade do exercício de direitos se reconhecermos – tendo em vista a norma – o outro como uma pessoa em igualdade de condições em relação a nós. Nesse sentido a afirmação de Honneth:

> só podemos chegar a uma compreensão de nós mesmos como portadores de direitos, quando possuímos, inversamente, um saber sobre quais obrigações temos de observar em face do respectivo outro: apenas da perspectiva normativa de um "outro generalizado", que já nos ensina a reconhecer os outros membros da coletividade como portadores de direitos, nós podemos nos entender também como pessoa de direito, no sentido de que podemos estar seguros do cumprimento social de algumas de nossas pretensões.[94]

Se no âmbito da estima social a questão que se coloca é de saber como se constitui o sistema de valores que aquilatará o valor de determinado ser humano, para o reconhecimento jurídico a

---

94. Axel HONNETH, *Luta por reconhecimento*, p. 179.

questão central é como determinar a "propriedade constitutiva das pessoas como tais".[95]

Para mim, a resposta a essa pergunta é o terceiro princípio fundamental da CF 1988, vale dizer: a dignidade da pessoa humana. Dito de outro modo, é o respeito e a consideração pela inerente dignidade de cada ser humano que alicerçam o próprio exercício de direitos. Nessa perspectiva afirma Habermas:

> (...) "Mas as próprias pretensões normativas fundamentam-se a partir de uma moral universalista cujo conteúdo há algum tempo foi introduzido, por meio da ideia da dignidade humana, nos direitos humanos e nos direitos dos cidadãos das constituições democráticas.(...)[96] {Jurgen Habermas. O Conceito de dignidade humana e a utopia realista dos direitos humanos, em *Sobre a Constituição da Europa*, pp . 36-37}

A ausência de reconhecimento de um ser humano como pessoa acarreta o desrespeito à sua dignidade e impossibilita o exercício de direitos em sua plenitude.

O depoimento da escritora moçambicana – filha de um português – Isabela Figueiredo no seu livro autobiográfico *Caderno de Memórias Coloniais* (2015) dá um exemplo concreto dessa afirmação na relação entre brancos (portugueses colonizadores) e negros (moçambicanos colonizados):

> "O negro estava abaixo de tudo. Não tinha direitos. Teria os da caridade, se as merecesse . Se fosse humilde. Se sorrisse, falasse baixo, com

---

95. Axel HONNETH, *Luta por reconhecimento*, p. 187.
96. Jurgen HABERMAS. O Conceito de dignidade humana e a utopia realista dos direitos humanos em *Sobre a Constituição da Europa*, pp. 36-37.

> a coluna vertebral ligeiramente inclinada para a frente e as mãos fechadas uma na outra, como se rezasse.
>
> Essa era a ordem natural e inquestionável das relações: preto servia o branco, e branco mandava no preto. Para mandar, já lá estava o meu pai; chegava de brancos!" (p.43)

A relação de desprezo – ausência de reconhecimento – de brancos para negros fica patente nesse trecho:

> Manjacaze era o criado do prédio do Lobato.
>
> Trazia para baixo todo o lixo dos sete andares do prédio, em grandes bidons que tinham sido de gasolina. Deslocava-os até não sei onde. Não queríamos saber disso. Éramos brancos, queríamos lá saber os que faziam os pretos ao nosso lixo, que desaparecesse. (p.62)

Importante lembrar que o racismo foi a norma estruturante das relações internacionais durante séculos[97], e continua estruturar as relações sociais no Brasil. Não é o caso de, no espaço deste livro, discutir essa questão. O que gostaria de enfatizar é que o desprezo e a ausência de reconhecimento são o comum, o corriqueiro na vida social...

Entretanto, defendo a ideia de que no exercício da mediação – com o íntegro respeito à dignidade da pessoa – emerge a possibilidade de constituição do sujeito.

Mediação, direitos humanos e o reconhecimento

> Isto porque somente a relação com o terceiro,

---

97. A respeito dessa questão, veja meu livro *A Proteção da Pessoa Humana no Direito Internacional: Conflitos Armados, Refugiados e Discriminação Racial*. São Paulo, CLA, 2018. Especialmente as páginas 47-70.

> situado no plano de fundo da relação com o tu, confere base à mediação institucional exigida pela constituição de um sujeito real de direito, em outras palavras, de um cidadão[98].

A utilização da mediação para a constituição do sujeito é uma tarefa fundamental para o fortalecimento da democracia em todos os países da comunidade internacional. Essa tarefa cabe ao Estado e pode e deve ser complementada por agentes da sociedade civil e das universidades, bem como de todas as escolas e espaços pedagógicos em geral. Na Constituição Federal de 05 de outubro de 1988 o tema está presente no artigo 205, que estabelece:

> Art. 205. A educação, direito de todos e dever do Estado e da família, será promovida e incentivada com a colaboração da sociedade, visando ao pleno desenvolvimento da pessoa, seu preparo para o exercício da cidadania e sua qualificação para o trabalho.[99]

Na sociedade contemporânea a pessoa humana nascida com vida e reconhecida – de modo formal e burocrático pelo Direito – é mais um "dado" para burocracia estatal.[100] A transformação do indivíduo singular, insubstituível e similar a outros, em uma pessoa e posteriormente em um sujeito é realizada pelo Direito e suas instituições, que dão garantia de sua identidade e fazem a expressa proibição de o sujeito ser tratado como coisa. O "sujeito", o assujeitado que deve respeitar uma lei maior que a todos submete. O ser

---

98. Paul RICOEUR, *O Justo 1*, p. 26.

99. Para um estudo completo e detalhado desse tema, veja Nina Beatriz Stocco RANIERI, *O Estado Democrático de Direito e o sentido da exigência de preparo da pessoa para o exercício da cidadania, pela via da educação*.

100. Veja a tragédia de Brumadinho e o trabalho da empresa Vale e da Defensoria Pública de Minas Gerais de providenciar a comprovação formal e burocrática desses "seres humanos" falecidos ou desaparecidos para o pagamento de indenizações.

humano é definido como sujeito graças a um dogma jurídico. É o que explica Alain Supiot:

> As noções de sujeito e de objeto, de pessoa e de coisa, de espírito e de matéria se definem por oposição mútua. Uma não é concebível sem a outra e jamais a ciência positiva poderia ter nascido sem elas. Cumpre realmente postular que o homem é um sujeito capaz de razão para que a ciência seja possível e essa definição do ser humano não resulta de uma demonstração cientifica, mas de uma afirmação dogmática; é um produto da história do Direito e não da história das ciências[101].

Agir como sujeito significa a possibilidade de participar da esfera pública respeitando a si próprio e aos outros. O direito como dimensão de reconhecimento é uma via de mão dupla (do individual para o coletivo e do coletivo para o individual), estando relacionado com a validade da norma e o reconhecimento mútuo da capacidade dos sujeitos.

Emergência do sujeito, autorrespeito e violência

Para o Direito, todo sujeito é uma pessoa, mas nem toda pessoa é um sujeito. Juridicamente falando, é a diferença entre o conceito de personalidade e capacidade. Ilustrativo o exemplo da criança que, apesar de ter personalidade no sentido amplo do termo, ainda não é um sujeito, visto que não é considerada capaz pelo Direito do exercício pleno e integral dos seus direitos. E que, devido a esse fato, é merecedora de uma proteção ampliada.

---

101. Alain SUPIOT, *Homo juridicus*, p. 13.

Importante ter claro que existe uma fronteira entre a pessoa e o sujeito. Para atravessar essa fronteira, Ricoeur propõe uma mediação institucional. Ou seja, o exercício de direitos demanda um processo pedagógico de aprendizagem. Na hipótese de essa mediação institucional não se realizar, ocorre "[...] uma perda da capacidade de se referir a si mesmo como parceiro em pé de igualdade na interação com todos os próximos"[102].

Privar alguém da possibilidade do exercício de direitos é a forma de desrespeito no âmbito jurídico. Privação essa que acaba por afetar a integridade social da pessoa. Nessa perspectiva, a violência é uma forma de privação de direitos.

A exposição permanente à violência acaba por estabelecer um ciclo vicioso: a ausência de autorrespeito produz situações de violência coletiva que fomentam a falta de respeito de cada integrante individual do grupo. A fim de quebrar esse ciclo, é imprescindível uma instituição pública que possibilite o estabelecimento de uma esfera dialógica que torne possível às mais diversas pessoas "a elaboração de uma narrativa coerente de si próprio".[103]

A mediação para o reconhecimento da pessoa poderá ter lugar tanto em um trabalho de mediação (entendida como prática de autocomposição de conflitos), como em uma atividade de educação de direitos (que os franceses chamam de Acesso a Direitos).

Em relação à mediação como autocomposição de conflitos, a ex-

---

102. Axel HONNETH, *Luta por Reconhecimento*, p. 217.
103. De acordo com Honneth e Ricoeur, essa é uma das características da pessoa "capaz de dirigir e organizar sua própria vida e atender as demandas morais de seu ambiente". As outras duas características são: a utilização da linguagem e a possibilidade de ser capaz de responder sobre suas próprias ações. Em HONNETH, Axel. *Decentered autonomy: the subject after the fall* p. 188, e RICOEUR, Paul. *Percurso do Reconhecimento*, p. 383.

periência com Mediação Familiar da Terceira Vara de Família do Tatuapé (São Paulo) é um exemplo a ser divulgado e seguido.[104] A fim de ilustrar essa experiência, importa esclarecer que a juíza Tarcisa de Melo Silva Fernandes, titular da vara, constatou a importância da mediação ao presenciar a que ponto a violência entre pessoas da mesma família pode chegar. Afirma Tarcisa:

> Em 2011, em razão de férias de uma colega, fiquei respondendo pelo CEVAT (Centro de Visitação Assistida), um palco fornecido pelo Egrégio Tribunal de Justiça, atualmente localizado no Foro Regional do Tatuapé para efetivação de visitas em processos cujos pais, em razão da belicosidade existente entre eles, tornavam traumática a retirada e entrega dos filhos. O CEVAT, também, destinava-se àqueles casos em que havia necessidade de se proteger os superiores interesses das crianças e dos adolescentes. {p.40}

Ao analisar os casos encaminhados ao CEVAT, concluiu a juíza:

> (...) verifiquei o quanto o conflito entre os genitores já estava recrudescido e que, em muitos casos, o transcurso do tempo não tinha curado a situação dos protagonistas da visita. Diante de tanta angústia, senti que algo precisava ser feito. {p. 40}

Depois dessa percepção é que Tarcisa encontrou o IMAB e o seu coordenador Adolfo Braga Neto.[105] Ao optar pela mediação, e pelo uso de suas habilidades mediativas como *locus* de promoção do diálogo

---

104. Para uma descrição completa veja BRAGA NETO, Adolfo (org.). *Mediação familiar: a experiência da 3ª Vara de Família do Tatuapé.*
105. Encontro descrito nas páginas 40-54 do livro *Mediação familiar.* Op. cit.

entre as pessoas envolvidas no conflito familiar. Tarcisa descobre como uma atitude de reconhecimento para com a pessoa surpreende os jurisdicionados e cria possibilidades de encaminhamento do conflito. Essa é a narrativa da juíza:

> (...) O pai estava sem ver os dois filhos pequenos, não conversava com a mãe, estava na visita assistida do CEVAT havia muito tempo. Eu convidei, ele e a mãe aceitaram, vieram e conversamos. Choraram comigo. Naquela reunião eles decidiram que iriam conversar e facilitar os contatos. Não foi bem uma mediação. Foi uma conversa, mas funcionou.
>
> Um dos fatos que me chamaram a atenção foi que o pai disse "nunca pensei que o Judiciário se preocupasse com o que a gente está sentindo". Quando eles percebem que nos preocupamos com eles, com o bem-estar deles, eles se abrem. E acham estranho porque ninguém nunca chamou. Algum tempo depois deixei de ser responsável pelo CEVAT. Decidi, então, que nos meus casos usaria a mediação. Foi a experiência do CEVAT que me trouxe para o lado da mediação" {p. 47-48}

O resultado palpável aqui nesse caso não é a resolução do conflito, mas o reconhecimento do outro como pessoa. Etapa imprescindível para o exercício do diálogo.

Além da mediação como uma das formas de autocomposição de conflitos, sugiro pensar uma possível função do mediador como suporte ao exercício de direitos. É o que se conhece como acesso ao Direito.

Acesso ao Direito

O termo "acesso ao direito" foi criado na França. Seu objetivo principal é possibilitar aos cidadãos o conhecimento básico de seus direitos, bem como o modo de exercê-los em sua plenitude. O acesso ao direito é complementar ao acesso à justiça e pode ser classificado na terceira onda de Cappelletti, que visa oferecer as mais diversas soluções alternativas para ampliação do acesso à justiça. O acesso ao direito é uma etapa básica, um pré-requisito para o exercício de direitos. Deve ser considerado como uma das estratégias para constituição do sujeito. Nessa perspectiva é a afirmação de Fréderic Mar e Mathieus Perderau:

> O problema não é somente o acesso à instituição judiciária, mas a possibilidade de uma pessoa conhecer estes direitos fora de todo procedimento contencioso, visto como um sistema de recurso por uma informação antecipada que favorece a solução amigável dos conflitos. Ele facilita igualmente o acesso à justiça quando a situação o exige, pois orienta melhor e auxilia na constituição dos arquivos e na coleta de documentos. O acesso ao direito e o acesso à justiça não são noções concorrentes, mas processos complementares, tendo em vista a realização efetiva dos direitos: conhecer para melhor fazê-los valer e defendê-los.[106]

A primeira lei francesa que regula o acesso ao direito é de julho de 1991 e foi reformada por uma segunda lei de 1998 que define, no seu artigo 53, acesso ao direito como um auxílio a:

- A informação geral das pessoas sobre seus

---

106. Fréderic MAR e Mathieus PERDERAU, *La Justice: um droit pour tous?*, p. 49.

direitos e suas obrigações, assim como sua orientação sobre os organismos encarregados de executar esses direitos;

• O auxílio na realização de todo processo que visa ao exercício de um direito ou à execução de uma obrigação de natureza jurídica e à assistência ao longo dos procedimentos jurisdicionais;

• A consulta em matéria jurídica;

• A assistência na redação e na conclusão dos atos jurídicos.

Na atual sociedade da informação, na qual os contatos por meios virtuais (Twitter, Facebook, demais redes sociais e *e-mail*) multiplicam-se, predomina, apesar disso, uma cultura hiperindividualista que inviabiliza a participação cidadã. A promoção da cidadania é tarefa do Estado, por meio da implantação de políticas públicas que tenham como objetivo maior o pleno exercício dos direitos constitucionalmente assegurados. Mar e Perderau afirmam o quanto segue:

> Paradoxalmente, ao mesmo tempo em que os contatos entre as pessoas se multiplicam, o isolamento cresce. Hoje parece necessário despertar a consciência desses direitos para fazer emergir um sentimento de cidadania, reanimar a filiação a um conjunto maior no qual as regras não constituem somente constrangimentos, mas também alavancas. Trata-se de uma consciência de si, do sujeito de direitos reconhecido em sua capacidade de agir[107].

A emergência do sujeito – etapa prévia e imprescindível para o integral exercício da cidadania – é o que assegurará que os cidadãos

---

107. Fréderic MAR e Mathieus PERDERAU, *La Justice: um droit pour tous?*, pp. 47-48.

não se comportem como meros consumidores e sim protagonistas do direito com plena consciência de seus atos[108].

Mediação de coesão social e o reconhecimento da pessoa

A mediação não é uma panaceia para todos os males, ela não é o instrumento a garantir o desafogamento do Judiciário, nem a forma mais adequada para resolver toda e qualquer forma de conflito. Mas, afinal de contas, o que é a mediação? E a mediação de coesão social? Existem várias respostas a essas perguntas, vários modelos de mediação[109] e também vários tipos de mediação: familiar, de coesão social, do trabalho, no setor público, nas empresas, na saúde, na política[110]. Para a finalidade deste livro, apresento uma definição de mediação e um comentário que ajuda a esclarecer a origem histórica de mediação e, em seguida, a definição de mediação de coesão social.

A definição dogmática a seguir exposta é uma tentativa de apresentar as principais características de todos os tipos e modelos de mediação. A autora da definição é Michèle Guillaume-Hofnung[111]:

> Globalmente a mediação se define antes de tudo como um processo de comunicação ética que repousa sob a responsabilidade e autonomia dos participantes, no qual um terceiro – imparcial, independente, neutro, sem nenhum

---

108. Jacques FAGET, *Accés au droit et pratiques citoyennes. Les métamorphoses d´un combat social,* p. 23.

109. Para uma síntese dos modelos de mediação, consultar Jacques FAGET, *Médiations,* capítulo 4, "Les modèles de médiation", pp. 109-138.

110. Para uma síntese dos tipos de mediação, consultar Michèle GUILLAUME-HOFNUNG, *La Médiation.*

111. Professora de Direito Público na Universidade Paris XI, integrante do Conselho Nacional consultivo de mediação familiar e presidente da União Profissional Independente de Mediadores.

poder decisional ou consultativo, com apenas a autoridade que lhe foi reconhecida pelos participantes da mediação – favorecida por entrevistas confidenciais e o estabelecimento, ou reestabelecimento, da ligação social, a prevenção ou a regulação da situação em tela[112].

Estar no meio é a origem etimológica e principal característica da mediação. É o que explica Jacqueline Morineau[113]:

> 'Mediação' significa 'estar no meio de'. Seu emprego mais antigo remonta à escrita suméria. Ele tinha então uma função teológica de intermediário entre Deus e o homem. Depois 'mediação' passou a ter o sentido de divisão para tomar enfim o sentido moderno de 'intermediário destinado a conciliar pessoas, partes'. A palavra indica a posição do mediador 'entre' as duas pessoas ou duas partes em conflito. O posicionamento 'entre' é necessário para encontrar o que está no coração do conflito.
>
> Em todos os conflitos se cria um espaço, um vazio que isola cada um de seu vivido. Vazio que cada um tenta desesperadamente preencher com palavras que permanecem sem significação por parte daqueles a quem são endereçadas. Essas palavras são finalmente pronunciadas por cada um, já que o outro não pode escutá-las. Dois monólogos se comunicam, cada um permanecendo isolado por um muro intransponível".[114]

---

112. Michèle GUILLAUME-HOFNUNG, *La Médiation*, p. 72.

113. Dirige o Centre de Médiation et de Formation à la Formation que participa no programa de cultura de paz da UNESCO e que – demandado pelo Conselho da Europa – iniciou a criação de uma rede europeia de jovens mediadores.

114. Jacqueline MORINEAU, *L'esprit de la médiation*, p. 22.

Fica claro que o papel do mediador, mais do que a decisão de um conflito, é possibilitar aos participantes fazerem uso da palavra, de modo a permitir (por meio do seu trabalho de atenta escuta e suave intervenção) diminuir a distância entre as partes. Essa é a razão de ser do nome "mediação de coesão social", que visa unir o laço social esgarçado. O nome "mediação comunitária", apesar de muito utilizado, acaba sendo bastante redundante, tendo em vista que toda e qualquer mediação acontece no âmbito de uma comunidade. A definição a seguir exposta é dos documentos finais do seminário de Créteil, realizado na França em setembro de 2000, que tinha como objetivo a discussão de questões ligadas à cidade. Uma das questões discutidas foi a mediação de coesão social, que ficou definida como:

> Processo de criação e de reparação do liame social e de regulação de conflitos da vida cotidiana, no qual um terceiro imparcial e independente tenta, por meio de organização de trocas entre pessoas ou instituições, lhes auxiliar a melhorar uma relação ou solucionar um conflito a elas imposto.

A mediação de coesão social coloca o desafio de pensar o conflito não apenas e tão somente de um modo meramente técnico, mas nos convida a um outro olhar, um olhar que possibilite ver as duas pessoas em conflito com suas palavras e certezas tentando de algum modo se encontrar em um espaço comum. Nesse caso, o único espaço comum é o espaço do diálogo. Desse modo, quando outras dimensões do conflito são reconhecidas, ele pode ser encarado como uma "oportunidade de crescimento moral".[115] Encarando-o dessa forma, a pessoa participante do conflito tem a possibilidade de se transformar em

---

115. Roderick MACDONALD e Pierre-Olivier SAVOIE *Une phénoménologie des modes alternatifs de resolutions de conflits: resultat, processus et symbolisme,* p. 289.

alguém que contribui de modo ativo e não violento para a resolução do conflito. Um sujeito:

> Ela coloca o sujeito como o principal artesão da vida social: é a partir dele que se constrói a realidade na qual ele vive, assim como as situações com as quais ele é confrontado: poder-se-ia dizer que o direito como a realidade não se nos dá como *logos* mas se oferece a nós como *mythos*, como este horizonte no qual situamos nossa própria ideia do mundo[116].

Olhar para o conflito como oportunidade da emergência de subjetividade é permitir o surgimento de novas possibilidades de resolução de conflitos, não por uma decisão imposta por um terceiro neutro, mas pela descoberta de uma decisão comum que satisfaz a todas as pessoas envolvidas no conflito, lhes oferecendo um sentido compartilhado de existência.

Reconhecimento da pessoa e promoção dos Direitos Humanos

O estabelecimento de um ambiente dialógico favorecedor do processo da emergência do sujeito é um fator que promove a convivência. Como explica Ricoeur[117], a violência no discurso é a pretensão de uma determinada linguagem assumir o império da palavra e ser não violento no discurso é respeitar a pluralidade e diversidade das linguagens. Portanto, manter um espaço público no qual discursos plurais possam manifestar-se é propiciar a existência de um espaço para manifestação de formas não violentas de agir e dizer.

---

116. Jacqueline MORINEAU, *L'esprit de la médiation*, p. 62.
117. Paul RICOEUR, *Violence et language*, p. 140.

De acordo com Arendt, o poder é fruto da convivência humana em um espaço público no qual seja possível uma comunicação livre de violência:

> O poder só é efetivado enquanto a palavra e o ato não se divorciam, quando as palavras não são vazias e os atos não são brutais, quando as palavras não são empregadas para velar intenções, mas para revelar realidades, e os atos não são usados para violar e destruir, mas para criar relações e novas realidades[118].

O grau de importância atribuído por Arendt à convivência e à intersubjetividade para emergência do sujeito fica patente por meio da análise de sua obra realizada por um de seus mais conceituados intérpretes, o anglo-hindu Bhikhu Parekh:

> Na visão de Arendt, a filosofia tradicional nunca valorizou o fato de que o sentido humano de realidade é derivado intersubjetivamente, que nossas sensações e nossas percepções são inerentemente frágeis e requerem uma corroboração intersubjetiva, que nós adquirimos a capacidade de pensar ao nos engajarmos no diálogo com os outros, e que cada um de nós é espistemologicamente e ontologicamente dependente da presença organizada dos outros[119].

O isolamento e a não participação no processo de convivência significam a renúncia ao poder[120], bem como a impossibilidade do reconhecimento. A convivência em um espaço público é elemento basilar para a emergência do sujeito, pois gera poder – na perspectiva

---

118. Hannah ARENDT, *A condição humana*, p. 212.
119. Bhikhu PAREKH, *Hannah Arendt & The Search for a New Political Philosophy*, pp. 3-4.
120. Hannah ARENDT, Op. cit., p. 213.

arendtiana – e estabelece um ambiente propiciador do processo de reconhecimento por meio do Direito.

Importa deixar claro qual o significado de promover Direitos Humanos. Adoto aqui a definição que está contida no manual das Instituições Nacionais de Direitos Humanos produzido pelo Alto Comissariado das Nações Unidas para os Direitos Humanos (OHCHR).[121] Estabelece o manual duas aptidões que devem desenvolver os cidadãos para a criação de uma cultura de Direitos Humanos como forma última de promoção. As aptidões são: a) conhecer seus direitos e saber como utilizar os mecanismos nele previstos caso sejam violados; e b) entender que os Direitos Humanos devem ser exercitados por outras pessoas e que todos têm uma responsabilidade comum para promover e proteger os Direitos Humanos de toda a comunidade.

Nessa perspectiva, a proteção dos Direitos Humanos está vinculada à promoção e um dos principais meios para assegurá-la é a educação em Sireitos Humanos. O *Human Rights Training: A Manual on Human Rights Training Methodology*, publicado pela ONU, estabelece como recomendação uma educação em Direitos Humanos centrada na aprendizagem e que deve ter como uma de suas características a interatividade, "uma vez que os indivíduos aprendem melhor quando estão envolvidos no processo, e a experiência dos aprendizes pode ser levada para a interação e a participação posterior".

Interação e participação ativa possibilitam a convivência. Desse modo, os espaços públicos dedicados à emergência do sujeito devem promover a convivência, além de oferecer possibilidades de soluções não violentas para conflitos interpessoais. Promover os Direitos Humanos é prevenir a violência e vice-versa, ou seja, prevenir a violência é promover os Direitos Humanos.

---

121. *National Human Rights Instituions History,* Principles, Roles and Responsibilities.

Mediação transformativa
e o reconhecimento da pessoa

A mediação transformativa proposta por Joseph Folger e Robert A. Baruch Bush tem como objetivo principal a transformação na qualidade social da interação. A resolução do conflito é um efeito benéfico do reconhecimento e empoderamento da pessoa. O trabalho de mediação deve reconhecer a pessoa em sua dimensão singular e única e tentar mostrar a ela a forma como se relaciona com determinado conflito. Explicam Folger e Bush que o conflito pode engendrar uma interação positiva-construtiva ou negativa-destrutiva.

De acordo com esses autores, em termos simples, empoderamento significa a restauração para os indivíduos do sentido do seu valor e força, bem como da sua capacidade de tomar decisões e lidar com os problemas da vida. Já reconhecimento significa a evocação nos indivíduos da compreensão ou empatia para com a situação e as visões do outro. (posição 298)

A mediação como forma de autocomposição de conflitos está para além da lógica da dogmática jurídica, uma vez que a decidibilidade de conflitos não é sua questão central, e sim o reconhecimento da pessoa e seu empoderamento (ou emergência do sujeito), como tenho afirmado neste texto.

Esferas da justiça para
o reconhecimento da pessoa: princípio e valor

Para concluir esta parte do livro, exporei os princípios de atuação e o valor central das esferas da justiça para o reconhecimento da pessoa.

A palavra princípio apresenta dois sentidos: um relacionado ao início, começo ou ato de principiar e o outro que se refere ao âmbito da ética, à forma de conduta, de proceder, mas que deve estar presente desde o princípio, pois, caso contrário, deixará de integrar o *modus operandi* das esferas da justiça para o reconhecimento da pessoa.

Assim, o primeiro princípio da instituição é o diálogo. Apresentando o diálogo como ponto de partida e prática constante de sua atividade, a esfera da justiça para o reconhecimento da pessoa garantirá a existência do ambiente apropriado para o trabalho de uma equipe interdisciplinar que almeje um conhecimento transdisciplinar. Com a prática cotidiana do diálogo com seus pares, o profissional vivencia também um processo de educação continuada que certamente contribuirá para o aperfeiçoamento de seu trabalho junto à população beneficiária dessa nova esfera da justiça.

Não podemos nos esquecer de que, apresentando o diálogo como princípio e tendo como um de seus objetivos o acesso à justiça por meio da oferta de solução alternativa de conflitos, temos uma instituição na linha do pacifismo institucional de Bobbio, no qual o direito é um meio para atingir a paz.

O segundo princípio é o do trabalho centrado na pessoa humana e está relacionado à forma de atuação dessa esfera da justiça. Ou seja, é o diálogo constante – em um ambiente comunicacional livre de imposição de vontades – com a população beneficiária o instrumento por meio do qual deve ser definido o programa de atuação de cada diferente esfera da justiça. Desenvolver uma atuação centrada na pessoa significa apostar que o desenvolvimento é realmente um compromisso muito sério com as possibilidades de liberdade[122].

Cada diferente esfera da justiça para o reconhecimento da pessoa

---

122. Amartya SEN, *Desenvolvimento como liberdade*, p.337.

deve definir de acordo com sua especificidade local seu programa de atuação. Dessa forma, o terceiro princípio é o da ação local e diz respeito ao território de atuação de cada diversa esfera. O limite territorial da atuação de cada esfera deve ser definido de comum acordo entre a população beneficiária, a coordenação do projeto e o poder local.

Tendo como princípios de atuação o diálogo, o trabalho centrado na pessoa humana e a ação local, deixo por derradeiro a apresentação do valor que ela sustenta: a convivência.

No historicismo axiológico de Miguel Reale[123] podemos perceber a existência de sete características dos valores. São elas: a) bipolaridade; b) implicação recíproca; c) referibilidade ou necessidade de sentido; d) preferibilidade; e) objetividade; f) historicidade; e g) inesgotabilidade e inexorabilidade. Afirmo que convivência é um valor. Isso pode ser percebido, posto que podemos ver algumas características do valor na convivência. A primeira das características, a bipolaridade, está presente na convivência, já que existe a possibilidade de "viver juntos", mas existe também seu oposto, a desconvivência, a carência do convívio. Outras características que saltam aos olhos são a preferibilidade, que implica a existência de uma hierarquia axiológica (assim, ao optar pela convivência deixamos de lado outros valores ou desvalores); a historicidade, pois cada época tem sua forma específica de convivência; e a inexaurabilidade, pois podemos ter cada vez mais convivência ou o seu contrário: o isolamento da sociedade.

A convivência oferece um norte seguro para atuação das esferas da justiça do reconhecimento da pessoa, que devem fazer todo o pos-

---

123. Angeles Mateos GARCÍA. *A teoria dos valores de Miguel Reale* (Fundamento de seu tridimensionalismo jurídico), p. 21-24.

sível para fazer desse valor uma realidade. Explica Hans Joas que o valor surge por meio de uma narrativa (como essa que aqui você, leitor, acabou de vivenciar) e é sustentado por meio de normas e instituições (esferas da justiça para o reconhecimento da pessoa) e permanece na sociedade por meio de práticas da vida cotidiana (a mediação).

TEXTOS COMPLEMENTARES

Artigo: Mediação, proteção local dos Direitos Humanos e prevenção da violência[124]

O objetivo do presente artigo é propor uma abordagem de três diferentes projetos de mediação como instrumento de prevenção à violência, escolhidos por apresentarem uma experiência consolidada e que – no momento atual – encontram-se em uma fase de transferência de conhecimento. Os projetos analisados são:

- Balcão de Direitos – foi desenvolvido na cidade do Rio de Janeiro, pela organização não governamental Viva Rio e teve seu primeiro "balcão" no bairro de Babilônia, em 1996. Possui atualmente vários "balcões" no Rio de Janeiro, além de vários outros espalhados pelo Brasil, sendo que muitos contam com apoio pedagógico da equipe dos Balcões do Rio de Janeiro;

- Escritórios Populares de Mediação – projeto desenvolvido na cidade de Salvador (BA), pela organização não governamental Juspopuli, com início das atividades em 2001. Recebeu o prêmio Tecnologia Social do Banco do Brasil e expandiu-se para diversos bairros em Salvador. Atualmente a Juspopuli está implementando o projeto nos municípios baianos de Feira de Santana e Pintadas;

- Justiça Comunitária – este projeto foi desenvolvido nas cidades-satélites de Taguatinga e Ceilândia, no DF, pelo Tribunal

---

124. Artigo publicado originalmente na *Revista Brasileira de Segurança Pública*, Ano 1, Edição 2, 2007, p. 136-149, e mantido com seu conteúdo original.

de Justiça do Distrito Federal (TJDF), e iniciou-se em 2000. Atualmente está em estudo a expansão do projeto para outras cidades-satélites do Distrito Federal.

Realizou-se uma análise das principais características encontradas nas experiências em tela. Vale dizer:

- A proteção dos Direitos Humanos a partir da perspectiva local;

- A assistência jurídica como forma de estímulo ao exercício da cidadania e à promoção dos Direitos Humanos;

- O processo de mediação como oportunidade de desenvolvimento humano dos agentes envolvidos – mediador e partes do conflito;

- A mediação como instrumento da Educação em Direitos Humanos;

- A utilização do instrumental teórico-analítico da percepção do potencial da situação, em vez da imposição de um modelo.

A proteção dos Direitos Humanos

A proteção global dos Direitos Humanos: breve síntese histórica

O advento do Direito Internacional dos Direitos Humanos, em 1945, possibilitou o surgimento de uma nova forma de cidadania. Desde então, a proteção jurídica do sistema internacional ao ser humano passou a independer do seu vínculo de nacionalidade com um Estado específico, tendo como requisito único e fundamental o fato do nascimento.

Essa nova cidadania pode ser definida como cidadania mundial ou cosmopolita, diferenciando-se da cidadania do Estado-Nação. A cidadania cosmopolita é um dos principais limites para a atuação do poder soberano, pois dá garantia da proteção internacional na falta da proteção do Estado Nacional. Nesse sentido, a relação da soberania com o DIDH é uma relação limitadora.

Tanto o Estado – sujeito de direito clássico do Direito Internacional – como as organizações internacionais, sujeito de direito superveniente, ampliam o campo de atuação do Direito Internacional, mas não o afetam em sua estrutura, uma vez que é a lógica da soberania que pauta a atuação desses sujeitos de direito, conforme estabelecido no Artigo 2, inciso 1, da Carta das Nações Unidas: "A Organização é baseada no princípio da igualdade soberana de todos seus membros".

Todavia, quando o indivíduo adquire a condição de sujeito de direito na comunidade internacional – o que ocorre por meio do advento do DIDH –, a própria estrutura do Direito Internacional Público sofre um abalo, uma vez que o Estado não pode mais se valer do argumento de estar no exercício de sua soberania para justificar violações de Direitos Humanos em seu território. Isso ocorre por ser a pessoa humana um sujeito de direito no âmbito da ordem jurídica internacional e a proteção de seus direitos passa a ser um dos objetivos do Direito Internacional Público.

A dignidade da pessoa humana é o valor essencial da proteção dos Direitos Humanos, possibilitando, no âmbito global, sua proteção por organizações internacionais, que podem ser autorizadas a agir até em oposição ao exercício do poder soberano de determinado Estado. Depois de 1945, a pessoa em uma situação limite pode até perder o direito ao exercício de sua própria nacionalidade, mas não perderá a garantia da proteção internacional.

Proteção local dos Direitos Humanos

> Cada homem vale pelo lugar onde está: o seu valor como produtor, consumidor, cidadão, depende de sua localização no território. Seu valor vai mudando, incessantemente, para melhor ou para pior, em função das diferenças de acessibilidade (tempo, frequência, preço), independentes de sua própria condição. Pessoas com as mesmas virtualidades, a mesma formação, até mesmo o mesmo salário têm valores diferentes segundo o lugar em que vivem: as oportunidades não são as mesmas. Por isso, a possibilidade de ser mais ou menos cidadão depende, em larga proporção, do ponto do território onde se está. Enquanto um lugar vem a ser condição de sua pobreza, um outro lugar poderia, no mesmo momento histórico, facilitar o acesso àqueles bens e serviços que lhe são teoricamente devidos, mas que, de fato, lhe faltam. (SANTOS; 1987 p.81)

Um esclarecimento necessário deve se feito em relação à nossa compreensão do adjetivo "local". Ele aqui é entendido como oposto complementar de "global" e, na própria definição do dicionário, "relativo ou pertencente a determinado lugar ou ao lugar em que se vive". Como afirma Milton Santos, o local é o espaço, o território onde se vive: o "território de vivência".

Dessa forma, na dimensão global, a dignidade da pessoa humana demanda, muitas vezes, a ação de uma organização internacional para ser eficazmente protegida. No âmbito local, a demanda é outra, pois a interação ocorre no cotidiano, face a face. É necessário o efetivo respeito à dignidade de cada pessoa humana nas suas mais diversas singularidades. O reconhecimento do outro, do diferente, é o fundamento de uma relação de hospitalidade e também um fator essencial para criação da identidade que, para ser construída, necessita do diálogo com um outro diferente de mim mesmo e que, antes de tudo, reconheça-me enquanto interlocutor (TAYLOR;1992).

> Eu não posso descobrir isoladamente minha identidade: eu a negocio em um diálogo, em parte exterior, em parte interior, com o outro. Isso é assim porque o desenvolvimento de um ideal de identidade engendrado do interior confere uma importância capital nova ao reconhecimento do outro. Minha própria identidade depende essencialmente de minhas relações dialógicas com os outros (TAYLOR, 1992, p.65, tradução nossa).

O exercício de respeito aos Direitos Humanos no plano local não se dá no reconhecimento daquele que nos é próximo, semelhante, conhecido e, portanto, *a priori* respeitado, mas, sim, diante do outro, do diferente de nós, do diverso, uma vez que:

> (...) aceitar a diversidade cultural não é um ato de tolerância para com o outro, distinto de mim ou da minha comunidade, mas o reconhecimento desse outro (pessoal e comunitário) como realidade plena, contraditória, como portador de saber, de conhecimentos e práticas por meio das quais ele é e tenta ser plenamente. (COLL, 2006, p. 98).

Esse exercício de reconhecimento da diferença é uma prática constante dos projetos analisados. Conhecer experiencialmente o local do projeto e exercitar a diversidade cultural são duas ações complementares e, por vezes, simultâneas. O *Guia de Encaminhamentos da*

Escola de Justiça e Cidadania, do Projeto Justiça Comunitária, recomenda: "Por isso, uma das tarefas fundamentais do Agente é conhecer os recursos locais, ou seja, saber o máximo sobre todos os tipos de serviços que os moradores da comunidade têm à sua disposição".

Também a publicação *Justiça Comunitária, uma experiência* diz:

> No mesmo sentido, o Programa Justiça Comunitária adota a comunidade como esfera privilegiada de atuação, porque concebe a democracia como um processo que, quando exercido em nível comunitário, por agentes e canais locais, promove inclusão social e cidadania ativa, a partir do conhecimento local. É na instância da comunidade que os indivíduos edificam suas relações sociais e podem participar de forma mais ativa das decisões políticas. É nesse cenário que se estimula a capacidade de autodeterminação do cidadão e de apropriação do protagonismo de sua própria história.

> O Manual do Balcão de Direitos sugere: Lembre-se sempre dos recursos locais disponíveis. As pessoas gerenciam seus conflitos de alguma forma, seja pela via judicial, seja por vias "privadas", legítimas ou não, pacíficas ou não. É importante conhecer e reconhecer esses recursos locais (desde que legais e legítimos), eles podem ser úteis em uma mediação, por exemplo.

No âmbito da segurança pública, a questão da importância da consideração do contexto local surge em metodologias tais como a Crime Prevention Through Environmental Design (CPTED). É também perceptível pela conclusão de alguns respeitados estudiosos do tema do trabalho da polícia, como, por exemplo, David Bayley, em entrevista à *Revista do Fórum Brasileiro de Segurança Pública*: "Está-se muito melhor quando se coordena operações nas quais os policiais conhecem a localidade. (...) Então, penso que realmente se deve desenvolver uma polícia baseada na localidade."

Assistência jurídica e Direitos Humanos

Disse Hegel que "tornar o direito por causa de sua formação, apenas acessível àqueles que sobre ele eruditamente se debrucem, constitui injustiça igual àquela que o tirano Dionísio cometeu quando mandou postar as tábuas da lei tão alto que nenhum cidadão as pudesse ler". (ENGISH, p. 139)

> Artigo 153 parágrafo 32: Será concedida *assistência judiciária* aos necessitados, na forma da lei. (Constituição Federal de 1969, grifo meu)

> Artigo 5º...LXXIV: o Estado prestará *assistência jurídica* integral e gratuita aos que comprovarem insuficiência de recursos. (Constituição Federal 1988, grifo meu)

A assistência judiciária está contida na assistência jurídica, sendo a segunda mais ampla e integral (como afirma a CF de 1988). A pergunta a ser feita é: qual o seu limite? Qual o objetivo de atuação da assistência jurídica *stricto sensu*? Acreditamos que esse objetivo se divida em três principais tarefas:

- Acesso ao conhecimento dos direitos da pessoa humana por meio da democratização de informações jurídicas básicas;
- Encaminhamento ao Poder Judiciário e outras instâncias do Estado;
- Apoio e estímulo ao exercício da cidadania.

Essas três tarefas são cumpridas pelos projetos analisados. O cordel educativo do Programa Justiça Comunitária esclarece-nos:

> Justiça Comunitária
> É instrumento que cria
> Democracia pra todos
> E promove a cidadania
> Que ajuda a esclarecer,
> Evitar e resolver
> Conflitos e violências
> Simplificar as questões,
> Esclarecer as razões
> E evitar incidências

A fotonovela *O direito de saber* é um exercício concreto da hermenêutica diatópica, de Boaventura de Sousa Santos. Traduz-se o *topoi* (lugar comum) jurídico para um *topoi* de possível compreensão pela comunidade. São os próprios agentes comunitários do projeto que interpretam as personagens da história. Da mesma forma, a reflexão baseada na própria experiência de trabalho da equipe do Viva Rio, contida no *Manual dos Balcões de Direito*, ilustra a respeito dessas questões:

> Não se busca acesso a algo que não se conhece. A primeira barreira era, portanto, cultural, em uma dimensão muito primária: não se pode buscar a reparação de direitos que não se conhece. Entre diversas faltas de acesso, o acesso à informação, de forma geral, e o acesso à informação sobre direitos e deveres, em especial, surgiam como desafios. Ao se falar de direitos em uma comunidade, deve-se lembrar que se trata de conhecimentos formais, restritos, acadêmicos, próprios dos chamados operadores

do Direito. Poucas pessoas compreendem do que se fala, menos ainda de como se opera. A primeira análise, baseada em uma leitura cultural, dava conta de que não se conhecia nem se compreendia, de uma forma geral, certas relações como relações direito-dever, e sim como relações de bom senso, sem proteção legal, estatal, jurídica, portanto. O primeiro desafio era sair da reação e partir para a ação – a democratização de direitos e deveres torna-se, portanto, um conceito chave. Deve-se tornar essas informações comuns, acessíveis, em uma linguagem que se compreenda em qualquer lugar. Romper a barreira do "juridiquês", que tanto separa "operadores" de "leigos".

Um dos casos recorrentes constantes do *Manual do Balcão de Direitos* mostra quão básica pode ser a informação e como ela é fundamental para a vida da pessoa atendida.

Caso 6: Eu não existo

Um tipo de caso que é bem comum, especialmente quando a comunidade tem pessoas de origem de fora da cidade (especialmente interior do país), e que para nós pode parecer muito simples: ausência de documentação civil básica. Sem os documentos básicos, o cidadão "não existe", via de regra, para as políticas públicas. Deve-se ter registrada toda a rede de apoio neste sentido, para que o encaminhamento seja não só eficiente, mas "certeiro": o serviço público muitas vezes não atende a população como poderia e deveria. É importante que a pessoa tenha certeza no caminho que vai seguir, certeza alcançada com informação de qualidade.

É preciso ter claro que a prestação de uma assistência jurídica respeitadora da peculiaridade de cada ser humano é também uma forma de exercício da justiça, uma vez que a comunicação e a justiça entrelaçam-se de modo profundo. Esclarece-nos Flávio Vespasiano Di Giorgi (ASSIS DE ALMEIDA, 1992; p. 14):

> Dizer o justo, dizer frequentemente é tão difícil, tão dificultado na nossa realidade por preconceitos, por elitismo; é isso que eu primeiro gostaria de dizer como preliminar a respeito da comunicação, para que a comunicação não apareça assim como uma coisa natural, que não tem impedimentos. Tem, sim, na vida social. Nada mais terrível do que você ter o que falar e não conseguir falar porque se sente discriminado. Por outro lado, a própria etimologia da palavra "comunicar" é muito bonita: comunicar vem de uma palavra latina, *munus*. *Munus* é uma palavra que tem dois sentidos: ela quer dizer um presente, um presente em geral decorrente de um serviço que você prestou. Tanto que daí também vem a palavra remuneração. Significa também um encargo que você assumiu perante seus pares, perante sua comunidade, que você se incumbe de realizar e de cumprir. Agora, *comunicare*, com o prefixo "co", significa em comum, junto. Significa, na verdade, presentear e cumprir o compromisso, juntos. Recompensar e cumprir o compromisso. Me parece que aí estão dois elementos compreendidos no conceito de justiça. A justiça é, de certa forma, uma certa compensação: você dar a pessoa o que é dela. Por outro lado, é um cumprimento de compromissos que estão nas relações de afeto, nas relações de trabalho. São dois elementos na justiça. Se você se lembra dos três

> critérios que o Direito Romano se atribuía – *honeste vivere* (viver honestamente), *neminem laedere* (não prejudicar a ninguém) e *suum cuique tribuere* (dar a cada um aquilo que é seu) –, você vai ver então que o justo está muito ligado à ideia de comunicação. Então, dizer o justo não é dizer de um lado e o justo de outro, eles se entrelaçam, eles têm um parentesco profundo. No dizer já existe implícita uma ideia de justiça.

Não se pode esquecer que *jurídico* significa "dizer o justo". Portanto, assistência jurídica é um trabalho de auxílio para dizer o justo. Dizer o justo tanto do assistente em relação ao assistido, como do assistido em relação ao assistente.

Uma assistência jurídica consistente pressupõe um esforço consciente por parte dos agentes do projeto, no sentido de propiciar a descoberta da dignidade humana do(a) assistido(a) no contexto do território onde ele(a) vive, por meio do ato de dizer. Todavia, segundo Di Giorgi, o ato de dizer está permeado de obstáculos e dificuldades (ASSIS DE ALMEIDA, 1992, p. 14).

> Muitas pessoas são privadas da consciência de que elas têm, como pessoas, um poder inerente de comunicação. São marginalizadas pelo fato de não terem a norma culta. Então é como se não tivessem sequer língua materna, elas não são reconhecidas. E isso amortece realmente a consciência de seus direitos. Há muitas pessoas que não defendem seus direitos não porque não saibam, mas porque estão inibidas. Elas sentem que sua linguagem é desprezada. O exercício da cidadania está em grande parte ligado a você ter ou não reconhecida sua capacidade comunicacional.

Solução de conflitos, Direitos Humanos e prevenção à violência

Poder Judiciário e mediação

> (...) quando ocorre alguma pendência entre os homens, eles recorrem ao juiz. Ir ao encontro deste significa apresentar-se perante a justiça, pois o juiz pretende ser, por assim dizer, a justiça encarnada. Na pessoa do juiz procura-se um terceiro imparcial e alguns chamam os juízes de árbitros e de mediadores, querendo assinalar com isso que, quando se tiver encontrado o homem da justa medida, conseguir-se-á obter a justiça. Portanto, a justiça é a justa medida, pelo menos quando o juiz for capaz de incorporá-la. O juiz mantém a balança equilibrada entre as duas partes. (Aristóteles, *Ética a Nicômaco*)

Esse texto de Aristóteles ilustra o fato de que a busca por um terceiro que não pertença à querela entre as partes é um recurso milenar utilizado pelos mais diversos grupos sociais na busca pela solução de seus conflitos. Esse terceiro pode ser um juiz, um árbitro, um mediador ou qualquer outra pessoa ou grupo de pessoas capaz de reequilibrar a situação de desigualdade. Na presença de um juiz ou de um árbitro, tem-se a situação conflituosa resolvida pelo "aparato normativo" do Direito. Já na presença de um mediador, a situação é equacionada de forma lícita seguindo as normas do Direito (positivo ou consuetudinário), mas não necessariamente valendo-se do aparato "institucional-normativo" da Dogmática Jurídica.

Em qualquer das hipóteses anteriormente expostas, o Direito está presente como baliza de solução dos conflitos. Tal fato é uma constante na história da humanidade, conclusão essa tanto da antropologia como da sociologia do Direito.[125] Ao dizer que a solução dos conflitos está fundamentalmente ligada ao Direito, é prudente esclarecer qual a forma de resolução de conflitos e espécie de Direito de que estamos tratando. Boaventura de Sousa Santos (1988) propõe duas divisões referentes ao modelo decisório para resolução de conflitos: a adjudicação realizada pelo Poder Judiciário, com a colaboração de outros profissionais do Direito de acordo com as normas da Dogmática Jurídica; e a mediação, que é realizada por agentes diversos do Poder Judiciário ou por integrantes da própria comunidade, não se pautando apenas e tão somente pelo aparato normativo da Dogmática Jurídica, mas fazendo uso principalmente da "novíssima retórica".[126] Entre as diversas formas da mediação *amplo sensu*, pode ser sugerida a seguinte classificação:

- Prevenção de conflitos – por meio da orientação e assistência jurídica;

- Negociação – diferencia-se da mediação tendo em vista que o negociador apenas facilita o entendimento entre as partes, não se colocando como um terceiro interveniente;

- Mediação *stricto sensu* – o mediador age como um terceiro interveniente, apresentando ele próprio a forma de resolução do conflito;

- Transformação – o terceiro possibilita a transformação de uma situação antagônica (o conflito) em um compromisso de cooperação mútua;

- Transcendência – o conflito é totalmente transcendido.[127]

---

125. Para um estudo detalhado dessa questão, consulte: ASSIER-ANDRIEU (2000). *O Direito nas Sociedades Humanas*.
126. Termo cunhado por Boaventura de Sousa Santos e que será estudado mais adiante.
127. Para uma explicação detalhada da transformação e transcendência de conflitos, consulte Galtung (2006).

São muitas as diferenças encontradas entre mediação *amplo sensu* e adjudicação. No âmbito deste artigo, analisamos as características que fazem da mediação um trabalho de solução de conflitos e também uma forma de promoção dos Direitos Humanos e prevenção à violência, quais sejam: a utilização da perspectiva tópico-retórica para a busca da decisão; e o trabalho da mediação como oportunidade para o desenvolvimento humano e promoção da convivência.

Boaventura de Sousa Santos (1988, p.43- 44), ao comentar o "discurso jurídico de Pasárgada" em oposição ao direito estatal, esclarece:

> Recursos tópico-retóricos: Ao invés do discurso jurídico estatal, o discurso jurídico de Pasárgada faz um grande uso de *topoi* e, simultaneamente, um escasso uso de leis. Independentemente dos elementos retóricos que duma ou doutra forma sempre intervêm na aplicação das leis a casos concretos, não restam dúvidas que estas são vulneráveis a uma utilização sistemática e dogmática, uma vulnerabilidade que se agudiza com a profissionalização e burocratização das funções jurídicas. E para além dos *topoi*, o discurso jurídico de Pasárgada recorre ainda a um complexo arsenal de instrumentos retóricos.

Uma das diversas razões pelas quais a perspectiva tópico-retórica é utilizada está ligada à forma de atuação do Poder Judiciário, que se mostra incapaz de interagir com as comunidades em tela. Nesse sentido, Souza Neto menciona que:

> No âmbito da tipologia dos métodos de solução dos conflitos, apresenta-se a mediação, como capaz de dar conta da ausência do aparato jurídico-estatal nas comunidades faveladas. No âmbito da teoria da decisão, ganha importância

a perspectiva tópico-retórica, em substituição à abordagem formal-silogística que caracteriza a aplicação judicial do direito (RIBEIRO; STROZENBERG, 2001, p 82).

Na ausência do Poder Judiciário, utiliza-se, inicialmente, a mediação como mera substituta dos órgãos do Estado. Posteriormente, constata-se que a mediação, além de uma prática substituta, é especificamente a prática adequada, uma vez que a perspectiva tópico-retórica tem como característica ser dialógica e localizada. Assim, segundo Souza Neto:

> "(...)Estas definições do conceito fundamental da tópica já dão conta de seu caráter essencialmente dialógico. Nesta direção, afirma Viehweg que "as premissas fundamentais se legitimam pela aceitação do interlocutor". Se a argumentação é necessariamente dialógica e, já que ela busca convencer, "toda a argumentação é pessoal; dirige-se a indivíduos em relação aos quais ela se esforça por obter adesão." Assim é que "uma argumentação é necessariamente situada." (RIBEIRO; STROZENBERG, 2001, p 86).

A descoberta da mediação como forma de solução dos conflitos atende a uma necessidade básica da população local, a solução dos conflitos, além de permitir que, no encaminhamento da resolução de conflitos, homens e mulheres tenham a possibilidade de se descobrirem enquanto sujeitos de direitos dotados de dignidade.

Nos processos de mediação, os Direitos Humanos e necessidades básicas cumprem uma função fundamental: oferecer diretrizes para uma boa decisão. Comenta Johan Galtung (2006, p.111):

> Aqui está uma regra básica: se a realização de

um objetivo for de encontro às necessidades humanas básicas – direitos básicos –, então ela é legítima. Necessidades básicas, ou seja, sobreviver com bem-estar físico, significando que as necessidades biológicas sejam razoavelmente satisfeitas, vivendo a vida em liberdade, com identidade e sentido. Os direitos humanos refletem isso, não a perfeição, mas com uma boa aproximação. Por isso usa as necessidades básicas como guia.

Mediação e Desenvolvimento Humano

> A amplitude do espaço retórico do discurso jurídico varia na razão inversa do nível de institucionalização da função jurídica e do poder dos instrumentos de coerção ao serviço da produção jurídica. (SANTOS; 1988, p. 59).

A constatação de Boaventura de Sousa Santos deixa claro que o exercício da retórica no âmbito jurídico é possível na medida em que as decisões tomadas não estejam adstritas ao exercício do Poder Judiciário. Enfim, a prática dos projetos em análise de "dizer o direito" possibilita o exercício retórico em ampla escala, que, por sua vez, é fator de fundamental importância para a democratização da vida da comunidade.

Ao ter a possibilidade de exercer a capacidade comunicacional em sua plenitude, as pessoas fortalecem-se enquanto cidadãs e têm seus direitos humanos promovidos. Um ponto importante é o exercício retórico não se ater à existência de um orador que se dirige a um auditório. Ambos devem se misturar a tal ponto que se indiferenciem. Deve-se ter como meta o exercício da novíssima retórica de Boaventura de Sousa Santos (2000, p.105):

> Entendo que a novíssima retórica deverá intensificar a dimensão dialógica intersticial da nova retórica e convertê-la no princípio regulador da prática argumentativa em termos ideais, a polaridade orador/auditório deve perder a rigidez para se transformar numa sequência dinâmica de posições de orador e de posições de auditório intermutáveis e recíprocas que tornem o resultado do intercâmbio argumentativo verdadeiramente inacabado: por um lado, porque o orador inicial pode acabar por transformar-se em auditório e, vice-versa, o auditório em orador e, por outro lado, porque a direção do convencimento é intrinsecamente contingente e reversível.

No exercício da novíssima retórica, o homem ou a mulher descobrem-se enquanto sujeitos de direito no pleno exercício de sua liberdade. Liberdade aqui entendida não como mero livre-arbítrio, mas como um agir conjunto criador de vínculos. É no exercício da liberdade – segundo Amartya Sen – que se consuma o processo de desenvolvimento. Esse autor apresenta uma visão cosmopolita da liberdade, centrada na pessoa humana como sujeito central e principal beneficiária. A Declaração do Direito ao Desenvolvimento (1986 – Art. 2, inciso 1) estabelece que "a pessoa humana é o sujeito central do desenvolvimento e deve ser participante ativo e seu principal beneficiário". A pessoa humana é o sujeito central, o Estado não ocupa aqui um papel preponderante, apesar de ser considerado agente necessário e importantíssimo articulador de políticas públicas geradoras de desenvolvimento. Nessa perspectiva, o Estado pode ser um agente facilitador ou não.

A teoria do "Desenvolvimento como Liberdade", de Amartya Sen, ao abordar o tema do desenvolvimento de uma perspectiva cosmopolita, está para além da lógica do poder soberano do Estado. Isto significa dizer que o fenômeno do poder é visto enquanto ação coletiva e não submissão, seja ela de que tipo for.

Esse processo da ação coletiva é que viabiliza a expansão das liberdades individuais, expansão essa propiciadora do desenvolvimento. A responsabilidade fundamental da pessoa é exercitar sua liberdade individual enquanto comprometimento social (SEN; 2000, p.337).

> O princípio organizador que monta todas as peças em um todo integrado é a abrangente preocupação com o processo do aumento das liberdades individuais e o comprometimento social de ajudar para que isso se concretize (...) o desenvolvimento é realmente um compromisso muito sério com as possibilidades de liberdade.

Essa visão da liberdade e do desenvolvimento como duas ações complementares e a necessidade de se eliminar os obstáculos ao exercício da liberdade relacionam-se diretamente com a definição de Galtung (1990; p.334) sobre a violência:

> A violência é aqui definida como a causa da diferença entre o potencial e o actual, entre o que poderia ter sido e o que é. A violência é o que aumenta a distância entre o potencial e o actual e o que impede a diminuição dessa distância.

Nessa perspectiva, violência é toda ação que impede ou dificulta o desenvolvimento (a diminuição entre o potencial e o atual). Nesse sentido, a não violência deve ser considerada condição básica e indispensável para o exercício do direito ao desenvolvimento. Tais direitos necessitam estar protegidos, com uma verdadeira "aura" de não violência, já que eles são o fundamento de tudo aquilo que o ser humano pode vir a ser.

O trabalho do Balcão de Direitos, prevenindo a violência, corrobora essa afirmação. A seguir, a descrição de um caso exemplar.

> *Caso 3: Quero matar meu vizinho*
>
> Conflitos de vizinhança são muito comuns, especialmente em um ambiente de favela, onde a construção das casas, via de regra, não segue padrões ou normas legais. Privacidade é algo difícil de manter, as casas geralmente são muito próximas, o que possibilita o conflito. Imaginemos uma questão de direito de laje, onde em uma mesma laje são abertas uma igreja evangélica e um forró. É fácil imaginar os conflitos que podem surgir, ainda mais se, por exemplo, ambas dividirem a mesma escada de acesso... Muitos são os exemplos possíveis de conflitos de vizinhança, envolvendo lixo, chuva, cães, filhos... O importante é saber que nem sempre esses casos poderão ser judicializados, embora essa hipótese não possa ser totalmente descartada. Mas deve-se sempre resolver a questão através da mediação. Muitas vezes a resolução do caso envolve uma obra, o que nem sempre pode ser feito, por condições econômicas das partes. O importante é que o assunto seja conversado de forma não violenta.

Um dos casos concretos do Programa Justiça Comunitária também ilustra o trabalho de prevenção à violência durante o processo de mediação. É o "caso da vaca":

> (...) Facilitadas pelos agentes comunitários –

que buscaram sempre o enfoque do futuro e não o julgamento do passado – as partes foram envolvidas em uma atmosfera mais amigável e sugeriram um mutirão para a construção e instalação da cerca. A cunhada ofereceu o carro para o transporte da madeira. Nesse momento, a mãe do solicitante – cuja única manifestação, em quase três horas de mediação, foi ter-se referido ao solicitado como "mentiroso" – ofereceu-se para fazer o almoço de celebração do acordo entre as famílias, no dia do mutirão.

Ao final, enquanto o acordo era redigido, as partes manifestaram o quão importante foi para aquelas famílias a retomada de uma velha amizade e, ainda, a certeza de que, no futuro, eventuais conflitos que surjam entre eles serão facilmente resolvidos pelo diálogo.

Ao mudar a forma violenta de resolução de conflitos para uma forma dialógica e, portanto, não violenta, o processo de mediação faz uma verdadeira mudança de padrões em prol de uma cultura de convivência e paz.

Potencial da situação e aplicação de modelos

As diferenças entre todos os projetos em análise demonstram não uma falta de unidade metodológica, mas a ampla gama de possibilidades de implementação à disposição dos projetos. A unidade metodológica é importante e necessária na medida em que contribua com o trabalho dos projetos. Note-se que deve existir também o caminho inverso, ou seja, o trabalho dos projetos contribuindo para a formulação da metodologia.

A necessidade do estabelecimento de parâmetros e princípios comuns entre os projetos surge, neste momento, não por deficiência conceitual, mas pelo atual estágio de elaboração da metodologia comum, que torna viável a transferência de conhecimento desses projetos. Todavia, tal metodologia deve ser utilizada como uma ideia-guia e não como um modelo pronto e acabado.

Esclarece-nos François Jullien (1996, p. 33, tradução nossa):

> Eu acredito que o modo grego de conceber a eficácia possa resumir-se assim: para ser eficaz eu construo uma forma modelo, ideal, então faço um plano e coloco uma meta, depois começo a agir a partir do plano e em função dessa meta. Existe primeiro a modelização depois esta modelização demanda sua aplicação.

Construir planos e aplicar modelos faz parte do modo de atuação do Poder Judiciário, que é orientado pela lógica da subsunção da norma ao caso concreto. Já os projetos analisados, que estão no âmbito da proteção local dos Direitos Humanos, demandam como primeira tarefa o mais amplo e profundo conhecimento do espaço-tempo e local onde serão implementados. Essa tarefa é necessária a fim de ser desvelado o potencial da situação.

> Duas noções estão no âmago da antiga estratégia chinesa formando um par: de uma parte, a de situação ou de configuração (*xing*), como ela se atualiza e toma forma diante de nossos olhos (como relação de força); de outro lado e respondendo a ela, a de potencial (*shi*), como ela se encontra implicada nessa situação e que podemos fazê-la jogar a nosso favor (JULLIEN, 1996, p. 33, tradução nossa).

A aplicação de modelos segue um plano. Já a análise do potencial da situação detecta os fatores de crescimentos existentes e contribui para a concretização de seu processo.

> Assim, um grande estrategista não projeta (um plano); mas ele repara, detecta, na própria situação, os fatores que lhe são favoráveis, de modo a fazê-los crescer, ao mesmo tempo em que faz diminuir aqueles (fatores) que são favoráveis a seu adversário (JULLIEN, 2005, p. 39, tradução nossa).

Nessa perspectiva, a unidade metodológica não é um modelo a ser automaticamente aplicado, mas, sim, um conjunto de princípios, métodos e boas práticas que facilitem o surgimento e posterior desenvolvimento de novos projetos. Não apenas um único modelo para ser aplicado cegamente, mas registros de experiências com seus sucessos e insucessos que sirvam como inspiração para outros e diferentes projetos.

Conclusão

O ex-prefeito de Bogotá, Antanas Mockus, que concebeu os termos cultura e convivência cidadã, oferece uma interessante definição do verbo conviver (2002, p. 21):"convivir es acatar reglas comunes, contar con mecanismos culturalmente arraigados de autorregulación social, respetar las diferencias y acatar reglas para procesarlas; también es aprender a celebrar y a reparar acuerdos." Ao resolverem as questões de forma não violenta, homens e mulheres estão promovendo a autorregulação dos seus próprios conflitos, descobrindo um direito vivo na sua convivência cotidiana. A última questão que se coloca é: promover a convivência não é prevenir a violência? Tema para um próximo artigo.

Referências bibliográficas

ASSIER-ANDRIEU, Louis. *O Direito nas sociedades modernas.* Tradução de Maria Ermantina Galvão. São Paulo: Martins Fontes, 2000.

ASSIS DE ALMEIDA, Guilherme (org.). *O Direito descoberto no dizer.* São Paulo, Edição do Autor, 2000.

BAYLEY, David. Somente respeitando o público a polícia vai ser eficaz na prevenção do crime. *Revista Brasileira de Segurança Pública.* São Paulo, Fórum Brasileiro de Segurança Pública, ano 1, edição 1, p. 120 a 129, 2007.

COLL, Augustí Nicolau. *Propostas para uma diversidade cultural intercultural na Era da Globalização.* São Paulo: Instituto Polis, 2006 (Cadernos de Proposições para o Século XXI).

ENGISH, Karl. *Introdução ao pensamento jurídico.* Lisboa: Fundação Calouste Gulbelkian.

GALTUNG, Johan. *Transcender e transformar.* Uma introdução ao trabalho de conflitos. Tradução de Antonio Carlos da Silva Rosa. São Paulo: Palas Athena, 2006.

_____. Violência, paz e investigação sobre a paz em teoria das relações internacionais. In: BRAILLARD, Phillipe (org.). *Teoria das Relações Internacionais.* Lisboa: Fundação Calouste Gulbenkian, 1990.

JULLIEN, François. *Traité de l'efficacité.* Paris: Éditions Grasset & Fasquelle, 1996.

_____. *Conferénce sur l'efficacité.* Paris:Presses Universitaires de France, 2005.

LIMA, Renato Sérgio de; DE PAULA, Liana (orgs). *Segurança Pública e violência:* o Estado está cumprindo o seu papel?. São Paulo: Contexto, 2006.

MINISTÉRIO DA JUSTIÇA – Secretaria da Reforma do Judiciário. *Guia de encaminhamentos.* Brasília, Programa Justiça Comunitária, 2006.

_____. *Justiça comunitária.* Uma experiência. Brasília, 2006.

RIBEIRO, Paulo Jorge; STROZENBERG, Pedro (orgs.). *Balcão de Direitos.*

Resoluções de conflitos em favelas do Rio de Janeiro. Imagens e linguagens. Rio de Janeiro: Mauad, 2001.

SANTOS, Boaventura de Sousa. *O discurso e o poder*. Ensaio sobre a Sociologia da Retórica Jurídica. 2ª reimpressão. Porto Alegre: Sergio Antonio Fabris Editor, 1988.

SANTOS, Milton. *O espaço do cidadão*. São Paulo: Nobel, 1987.

_____. *A crítica da razão indolente contra o desperdício da experiência*. 5ª ed. São Paulo: Cortez, 2005.

TAYLOR, Charles. *Grandeur et misère de la modernité*. Montreal, Bellarmin, 1992.

Entrevista
Goffredo Telles Jr.[128]:
Direito e Cultura

GUILHERME – Gostaria que falasse sobre a questão cultural do Direito e a importância de que os direitos do cidadão e da pessoa humana sejam efetivados, ou seja, tornem-se realidade na vida cotidiana do cidadão.

GOFFREDO – Nós vamos, evidentemente, discorrer sobre este tema com a maior simplicidade e sem nenhuma preparação prévia. Vamos conversar sobre este assunto que a meu ver assume neste momento, no nosso país, uma excepcional importância. O que eu tenho reparado em fatos comuns da vida é o desconhecimento da função do Direito na vida das pessoas. O Direito é algo que nos acompanha durante todos os momentos da nossa vida: desde o instante em que acordamos de manhã e vamos tomar o nosso café, quando saímos de casa e tomamos nossa condução para ir para a escola, ou para a faculdade, ou para o trabalho, também durante a faina diária, em toda a nossa atividade, até à noite, quando voltamos para casa, ao ver, quem sabe, um programa de televisão e depois dormir. Durante todos os atos da nossa vida, o Direito está conosco, nos acompanha sem cessar. De maneira que é muito importante que todos saibam disso, de uma maneira concreta, saibam

---

128. Entrevista inédita, feita em 1989 por mim e Branca Lescher. Goffredo Telles Junior estava aposentado como professor titular da Faculdade de Direito da USP, mas continuava a manter um frequente contato com os estudantes do Largo de São Francisco nos encontros do Círculo das Quartas-feiras. A ideia que discutíamos era levar informação jurídica por meio de estagiários de Direito nas bibliotecas municipais, incentivados pelo programa da então secretaria de Cultura, Marilena Chauí.

que o Direito não é nada inventado, não é uma fantasia de pensadores ou juristas, o Direito não é uma criação arbitrária, uma criação de espíritos complicados que querem complicar as coisas, em vez de simplificá-las. Não, o Direito não é uma invenção, em absoluto. Mesmo que não houvesse livro nenhum de Direito, mesmo que não houvesse escola de Direito, nenhuma faculdade de Direito, o Direito existiria porque o homem existe, porque é da condição humana a convivência. Ora, havendo a convivência, isto é o relacionamento de uns com os outros, forçosamente existe o Direito. O Direito não é inventado, o Direito é vida, é a nossa vida. Onde existe a vida humana em sociedade, o Direito existe, forçosamente. Haja ou não advogados, juízes, promotores, tribunais, delegados, haja ou não os estudiosos do Direito, o Direito existe, forçosamente. Ora, esta realidade que é tão simples precisa ficar bem patente no espírito do povo, para que se desmanche, de uma vez por todas, esta ideia falha que o Direito é inventado para enganar os outros.

Não, o Direito não é inventado, o Direito é expressão da vida. Se estudamos o Direito, é precisamente para que os estudiosos do Direito compreendam bem esta realidade, e tenham uma melhor chave da convivência humana. Quando nós estudamos o Direito, nas nossas faculdades, o que nós queremos realmente saber é como se disciplina a convivência humana. Não podemos viver sem conviver. Ora, esta convivência tem que ser disciplinada e, se esta convivência é disciplinada, evidentemente o Direito assume uma importância imensa na vida dos homens, porque é o Direito que disciplina a convivência. Aliás, veja, nós poderíamos simplificar a definição do Direito, dizendo apenas isso: o Direito é a disciplina da convivência. E, sendo a disciplina da convivência, o Direito assume nas nossas vidas uma importância colossal. Assim sendo, é claro que eu darei um apoio completo a todas as iniciativas que visem mostrar ao homem simples do povo, ao trabalhador e mesmo aos estudiosos de qualquer área, que o Direito é fundamental na existência humana.

Eu darei, portanto, o meu total apoio a todas as iniciativas que tenham por objetivo a divulgação destas tão simples verdades. A ideia de se fazer exposições sobre o Direito nas nossas bibliotecas, a mim me parece uma ideia extraordinariamente útil, uma ideia que poderá ter efeitos extraordinariamente benéficos, porque exposições deste tipo, debates, orientação em matéria jurídica esclarecem uma série de coisas que nos interessam. Fundamentalmente, a vida comum, a vida corriqueira. A nossa vida de todos os dias, de todos os momentos. Sim, estes cursos estão na área da Cultura, mas o Direito está na área da Cultura.

GUILHERME – É isso o que nós precisamos resgatar.

GOFFREDO – Exatamente. O Direito é Cultura. E uma grande parte da cultura humana é Direito, quer queiram, quer não queiram. De maneira que é muito importante que se esclareçam estes pontos fundamentais em que acabo de tocar, mas que se esclareça isto de uma maneira simples, que todos entendam. Não se deve ter por objetivo ensinar as teorias abstratas dos grandes autores. A mim me parece que é importante mostrar ao povo em geral, à população, o que é Direito na vida comum, na vida corriqueira de todos os dias. E isto tem uma vantagem extraordinária, porque, quando nós sabemos que o Direito é uma expressão na nossa vida, nós também sabemos quais são os nossos direitos. E é muito importante ao cidadão saber quais são os seus direitos, porque o cidadão que não souber defender os seus direitos é um mau cidadão.

GUILHERME – Está cheio de gente nessa condição...

GOFFREDO – Pois é, exatamente, hoje é uma coisa comum. A pessoa que não meditou ainda sobre estes assuntos, e isto é o normal, não sabe quais são os seus direitos, não sabe o que deve defender.

Quanto mais evoluído é um povo culturalmente, mais ele saberá o valor do Direito e o extraordinário valor dos seus próprios direitos. Cada cidadão terá uma ideia. Não quero dizer que vá saber tudo sobre o Direito, todas as leis, todos os princípios. Mas eles sabem perfeitamente quais são os seus direitos fundamentais, sabe perfeitamente que esses direitos fundamentais estão ligados à sua vida e que ele tem a obrigação de defender esses direitos, e é muito natural que ele queira saber como defender estes direitos. Ora, essas exposições em bibliotecas[129], não só exposições, como debates, conversas, troca de ideias sobre estes assuntos, um verdadeiro plantão nessas bibliotecas, vão ajudar muito a viver. E aprender a viver, realmente, é uma grande coisa. E eu acho que a democracia em grande parte depende disso. Nós temos uma péssima democracia exatamente porque o povo não está intimamente esclarecido sobre o que é Direito. A democracia é cada vez melhor, é sempre melhor e sempre melhora à medida que aumenta a cultura do povo. Ora, a cultura está intimamente ligada ao Direito, porque cultura é também uma expressão da vida e o Direito é uma expressão da vida.

Evidentemente, a conversa sobre estes assuntos, o debate, o plantão, a que nós nos referimos, forçosamente, vai fortalecer a democracia em nossa terra. Vai dar à democracia um sentido vivo, verdadeiro, autêntico. Porque vejam que coisa curiosa. Nós sabemos que o Congresso Nacional é o órgão da representação popular, é o órgão por excelência da representação. Mas quando o Congresso

---

129. Goffredo se refere aqui à ideia que discutíamos, de levar informação jurídica por meio de estagiários de Direito nas bibliotecas municipais. Iniciativa que surgiu inspirada pelo programa "cidadania cultural" da então secretaria municipal de Cultura, Marilena Chauí

Nacional se divorcia da opinião da Nação, nós curvamos a cabeça e não dizemos nada. Por exemplo, a Nação inteira quer eleições diretas para presidente da República, vem o Congresso Nacional[130] e diz: Não. Nós vamos para o colégio eleitoral e não acontece nada. Então quer dizer que o órgão de representação não está funcionando, não está havendo uma verdadeira representação, e não havendo uma verdadeira representação, não está havendo democracia. Ora, tudo isso é fundamental para a democracia, mas tudo isso está disciplinado pelo Direito, eis porque mais uma vez eu insisto na minha afirmação: fundamental é a ideia de se colocar nas bibliotecas municipais, e em quaisquer outros centros de cultura, estas exposições, este debate, este plantão para o estudo do Direito.

Entrevista
Flávio Vespasiano Di Giorgi[131]: Direito e Comunicação

GUILHERME – Vou partir de duas frases. Uma é do livro do Celso Lafer: "É justamente para garantir que o dado da existência seja reconhecido e não resulte apenas do imponderável da amizade,

---

130. Em 1983 e 1984, houve forte pressão da sociedade pela volta das eleições diretas para presidente da República, no que ficou conhecido como o movimento Diretas Já. No entanto, uma proposta de emenda constitucional nesse sentido foi rejeitada pelo Congresso Nacional em abril de 1984.
131. Entrevista inédita, feita em 1989. Flávio Di Giorgi era então professor de Teoria da Comunicação na Pontifícia Universidade Católica de São Paulo (PUCSP) e havia sido meu professor de Filosofia e História das Religiões no Colégio Santa Cruz. A entrevista, realizada na casa de Flávio, contou com a participação das minhas amigas Beatriz Di Giorgi e Miriam Di Giorgi, suas filhas.

da simpatia, ou do amor nos estados da natureza é que os direitos são necessários". A outra é: "O direito é a disciplina da convivência humana", essa é uma frase do professor Goffredo Telles Jr. Temos ainda que "jurídico" se origina de *jus dicere*, que significa "dizer o justo". Dentro, desse contexto, a pergunta é a seguinte: Qual a importância da comunicação para que os direitos sejam conhecidos pela maioria da população e possam ser efetivados?

FLÁVIO – Bem, eu diria, preliminarmente, que a comunicação é um elemento integrante da vida humana, tanto em relação à formação do indivíduo – a comunicação é parte inerente à pessoa humana –, como do ponto de vista da comunidade humana; uma comunidade se faz entre outras coisas pela troca de mensagens. A comunicação é também um momento fundamental da própria cultura humana. Os códigos pelos quais os homens se comunicam, entre eles, por exemplo, as línguas naturais, que são 4.300 neste vasto mundo, são criações humanas. O contínuo do universo, que não está previamente distribuído em objetos, o universo é uma coisa contínua. A discriminação do universo em objetos é uma invenção das culturas. Cada cultura é de certa maneira a maravilhosa aventura de distribuir o universo em objetos.

As línguas refletem essa distribuição que cada cultura faz. Então, a comunicação humana, os códigos instrumentais da comunicação humana, são criações do homem. Ela não é apenas uma criação da cultura, se você pensa na comunicação como sendo canalizada por códigos, que são criações culturais. Ela é um elemento da própria objetividade, da própria biologia, uma vez que o ser humano se comunica basicamente pelo corpo. Os gestos, toda a inflexão da voz ao lado do código constituem a nossa comunicação. Quando você fala, você usa uma linguagem e uma paralinguagem. Na verdade, ao falar com alguém, você está usando simultaneamente três códigos: um deles, a língua natural. Neste momento, estou usando a língua natural chamada português. Ao mesmo tempo, você usa uma síntese da dança, que são seus gestos corporais, e uma síntese de música, que é todo o jogo das inflexões da sua voz. Três códigos, pois. Estes dois códigos residuais, dança e música, nós os chamamos paralinguagem.

Agora, dada a complexa organização da sociedade humana, as injunções da administração e do poder, as trocas de bens, todo o comércio, a complementariedade do trabalho humano nas economias, os homens criaram também uma forma escrita de se comunicar. Essa forma escrita esteve durante muito tempo vinculada de maneira muito profunda às distinções sociais criadas pelo poder. No início, quem dispunha da forma escrita eram os dignitários religiosos. Tanto que no velho Egito, uma das primeiras culturas que utilizou a forma escrita da comunicação, havia a forma sagrada privativa do poder e da religião, que só era possuída pelos senhores do culto e do governo. A China teve os mandarins, eram aqueles que conheciam a escrita ideográfica a fundo. Não conheciam quatro ou cinco mil sinais como a maioria da população alfabetizada, mas chegavam a conhecer de trinta a quarenta mil sinais, o que lhes dava o domínio da língua escrita sobre o resto da população. No Ocidente isso ocorreu no período alexandrino, quando se constituiu o governo helenístico de Alexandria no Egito. Lembre-se da famosa biblioteca de Alexandria, o centro de sábios de todas as áreas do saber, que tinham em comum falar a língua grega. Foi em Alexandria que se criou o que hoje chamamos a gramática, isto é, a norma culta. Alexandria criou uma divisão da sociedade entre os que dominavam a norma culta e os que não dominavam. Faz vinte e três séculos que isto aconteceu e ainda marca nossa sociedade.

As pessoas cultas e as pessoas não cultas. As pessoas que usam uma boa linguagem e as pessoas que, ao ver do pessoal mais elitista, não sabem bem a língua.

Muitas pessoas são privadas da consciência de que elas têm, como pessoas, um poder inerente de comunicação. São marginalizadas pelo fato de não terem a norma culta. Então é como se elas não tivessem sequer língua materna, elas não são reconhecidas. E isto amortece realmente a consciência de seus direitos. Há muitas pessoas que não defendem seus direitos não porque não saibam quais são, mas porque estão inibidas. Elas sentem que sua linguagem é desprezada. O exercício da cidadania está em grande parte ligado a você ter ou não reconhecida sua capacidade comunicacional.

GUILHERME – Existe um grande número de juristas que ficam numa discussão sobre o Direito e sua linguagem, mas não é isso o importante, o importante é o Direito e sua capacidade comunicativa.

FLÁVIO – É claro. Uma outra forma de discriminação social pelo nível de instrução e não só esta de você possuir a norma culta e o outro não possuir. É também você ser capaz de manipular um jargão de área: o jargão médico, o jargão jurídico...

GUILHERME – Que é vastíssimo.

FLÁVIO – É, e o jargão também de uma certa forma funciona como instrumento elitista. Você não penetra naquele domínio. Ele se mostra um domínio reservado, reservado àqueles que se autodeclaram titulares dele. Assim, você reduz ainda mais a capacidade que todo homem tem de fazer valer os seus direitos, uma vez que nem sempre pode fazer valer os seus direitos pelo canal da linguagem. Então, de você ser capaz de vencer estes preconceitos da cultura em relação ao nível de instrução, de você ser capaz de mostrar esta discriminação ligada no fundo aos interesses do poder, vai depender em grande parte a democratização da vida.

É necessário que realmente no campo da linguagem se opere uma grande tarefa de libertação, que você reconheça que todas as pessoas estão em pé de igualdade na sua capacidade comunicacional, usem ou não o jargão técnico. Na medida em que vocês tiveram biblioteca vazadas numa linguagem acolhedora[132], numa linguagem em que não seja ela própria elitista, vocês não só darão a uma multidão de pessoas um acesso novo a todo o saber, um acesso novo a seus instrumentos pessoais de libertação e de luta pelos seus direitos, como darão a elas também a consciência muito clara de que a capacidade de comunicação delas está de pé de igualdade com a de todos os demais.

BEATRIZ – Nesse ponto, jurídico é dizer o justo.

FLÁVIO – Quando você fala que jurídico é dizer o justo, o dizer realmente é problemático, porque o dizer sofre discriminação na sociedade humana, a cada época um pouquinho diferenciada, mas no fundo a mesma de Alexandria há 23 séculos. Isto suporta uma revolução também nos métodos de ensino, uma revolução no modo de escrever os livros. Uma revolução no ensino da língua materna em todas as escolas. Me impressiona muito bem a esse respeito o tipo de linguagem usado pelo professor Goffredo Telles Jr. Um homem que você poderia considerar como estando no centro mais fechado dos comunicadores de elite justamente não se vale disso, e é capaz de usar, como usou em sua entrevista, uma linguagem acessível à população deste País. Isto é exemplar e eu acho que isto deve ser imitado no estilo dos livros que devam ser editados, devam ser se-

---

132. Flávio se refere à ideia que discutíamos de levar informação jurídica por meio de estagiários de Direito nas bibliotecas municipais, iniciativa inspirada pelo programa da então secretaria municipal de Cultura, Marilena Chauí.

lecionados para que essas bibliotecas funcionem realmente como centros de democratização. Dizer o justo, dizer frequentemente é tão difícil, tão dificultado na nossa realidade por preconceitos, por elitismo.

É isso que eu primeiro gostaria de dizer como preliminar a respeito da comunicação, para que a comunicação não apareça assim como uma coisa natural, que não tem impedimentos. Tem, sim, na vida social. Nada mais terrível do que você ter o que falar e não conseguir falar porque se sente discriminado.

Por outro lado, a própria etimologia da palavra comunicar é muito bonita: comunicar vem de uma palavra latina, *munus*. *Munus* é uma palavra que tem dois sentidos: ela quer dizer um presente, um presente em geral decorrente de um serviço que você prestou. Tanto que daí também vem a palavra remuneração. Significa também um encargo que você assumiu perante seus pares, perante sua comunidade, que você se incumbe de realizar e de cumprir. Agora, *comunicare*, com o prefixo co, significa em comum, justo. Significa, na verdade, presentear e cumprir o compromisso, juntos. Recompensar e cumprir o compromisso. Me parece que aí estão dois elementos compreendidos no conceito de justiça. A justiça é de certa forma, uma certa compensação: você dar à pessoa o que é dela. Por outro lado, é o cumprimento de compromissos que estão nas relações de afeto, nas relações de trabalho. São dois elementos na justiça.

Se você se lembra dos três critérios que o Direito Romano se atribuía, *honeste vivere*, viver honestamente, *neminem laedere*, não prejudicar a ninguém, e finalmente *suum cuique tribuere*, dar a cada um o que é seu, você vai ver então que o justo está muito ligado à ideia de comunicação. Então, dizer o justo não é o dizer de um lado e o justo de outro. O dizer e o justo se entrelaçam, eles têm um parentesco profundo. No dizer já existe implícita uma certa ideia de justiça.

GUILHERME – Eu acho que durante a história do Direito houve uma separação, porque parecia que dizer o justo de uma forma elitista dava uma outra conotação.

FLÁVIO – Era um dizer privativo de um segmento na sociedade.

BEATRIZ – Acho que na história dos homens o justo se afastou do dizer, e isto também se refletiu no Direito.

FLÁVIO – Exato.

BEATRIZ – E para o Direito se exercer legitimamente e para todos os homens, o dizer deve voltar ao justo e o justo voltar ao dizer.

FLÁVIO – A fala do dia a dia veio a partir dessa elitização, do dizer ser desvalorizado como fala banal, insignificante, sendo só significante aquela fala que tinha uma certa formalidade, de tal modo que as pessoas tinham o que dizer, mas não sabiam o que tinham. A banalidade do dizer de um lado teve como paralelo uma certa banalização de ideia do justo. As pessoas, pelo fato de não dizerem o justo, passaram a ser pessoas que nem consciência mais tinham de seus próprios direitos. E, portanto, o justo passou a ser aquilo que só algumas pessoas decretavam como justo, mas lá, nos templos impenetráveis do saber, resguardado a sete chaves por uma linguagem criptográfica e iniciática.

Você, que estuda Direito, sabe que faz cinco anos, não de uma iniciação dos fiéis de Heleuses, aqueles que iam conhecer os mistérios e ficavam superiores a todos os cidadãos. Não, são cinco anos propedêuticos a fazer de você uma elite, aquele que vai ter o direito quase exclusivo de dizer o justo. Mas é o contrário: você é um missionário junto a todos os outros do dizer justo, fazer com que dizer o justo reapareça e seja valorizado no cotidiano. Para que o dizer cotidiano e a justiça do dia a dia possam recuperar o *status*, o prestígio, recuperar o valor intrínseco que têm. É um pouco assim que eu penso do dizer o justo.

MIRIAM – Essa discussão toda está me lembrando de uma das coisas que a minha supervisora, psicanalista, fala sobre o que é o papel do psicanalista: o psicanalista deve dizer o justo, ou seja, deve dizer aquilo que é a verdade a que a pessoa não tem acesso. Essa é a fonte libertadora da psicanálise, ou seja, poder transformar em palavras aquilo que é sabido e que é verdadeiro, mas que não é palavra.

GUILHERME – Eu acho que a psicanálise e o Direito têm uma função muito parecida, muito semelhante. Os dois tratam da liberdade do ser humano. Da liberdade e da igualdade do ser humano. De diferentes maneiras e de diferentes modos, mas se encontram nestas duas palavras: liberdade e igualdade, que a Hannah Arendt explica de uma maneira fundamental, vital, brilhante, que são duas coisas construídas pelo ser humano, não são um dado da natureza, mas um constructo.

MIRIAM – Essa minha professora falava que uma criança apresenta um sintoma psicológico quando, diante de uma situação, ela não encontra a palavra justa. Ela não consegue traduzir em palavras a realidade em que vive.

FLÁVIO – Isso tudo é muito oportuno, essa relação profunda entre uma linha de libertação humana que é a psicanálise, e um instrumento da libertação humana no seu convívio, que é o Direito.

Essa linha de relação profunda entre essas duas vertentes me parece muito oportuna, porque de qualquer maneira elas estão assim unificadas pela ideia de que existem as palavras que precisam ser fundadas, criadas, que estão na pessoa e precisam ter condições de concretização.

Dizer o justo, portanto, tem que ser visto na sua imensa dramaticidade. Uma espécie de parto que precisa ser ajudado. Era desta forma, também, que Sócrates encarava a filosofia: "Como filósofo, não ensino nada a ninguém, eu sou só o parteiro, a verdade já está dentro das pessoas, mas elas não conseguem dizê-la. E eu então sou apenas um homem que é o parteiro, eu faço boas perguntas, as minhas perguntas talvez ajudem, cada um que use sua criança. Eu não ensino nada às pessoas, elas já têm a verdade".

BEATRIZ – Você chegou a um ponto muito interessante, que é a concepção verdadeiramente libertadora do Direito e, por outro lado, o aproveitamento indevido do poder daquilo que seja a busca da liberdade ou o canal de busca da liberdade que se insinua através da existência do Direito.

FLÁVIO – Perfeito.

BEATRIZ – Esse ponto eu acho fundamental e gostaria que você falasse a respeito.

FLÁVIO – É uma satisfação enorme ver que os estudantes mais jovens de Direito estão agora fascinados com uma atitude inteiramente nova em relação ao Direito, não mais visto como regulamento da classe dominante imposto sobre toda a sociedade, mas como um instrumento de libertação que ajude todo homem a ser ele mesmo, a exercer em plenitude sua liberdade. Isso é muito bonito , restaura o Direito na sua dignidade originária, pacto entre os homens, compromisso e recompensa.

Entrevista
Gustavo Alberto Corrêa Pinto[133]:
Direito, amor e humor

GUILHERME – A pergunta é: o Direito é o reto, é o correto, o reto da comunidade. Através do Direito, tenta-se garantir um espaço vital para a vida da comunidade como um todo e para cada cidadão, individualmente. Nesta perspectiva, qual a importância do amor e do humor para concretização destas metas?

GUSTAVO – Na 1ª afirmação, você diz o Direito é o reto, o correto, o reto da comunidade. E, felizmente, na 2ª afirmação acrescenta um ponto que eu acho essencial, quando diz que através do Direito tenta-se garantir um espaço vital para vida da comunidade como um todo e para cada cidadão individualmente. Então eu tenho a impressão de que o Direito é o reto da comunidade e do indivíduo. Não é o reto da comunidade legislando sobre o indivíduo, não é o reto da comunidade, iluminado pelo reto do indivíduo, inspirado pelo reto do indivíduo, para que o ideal de plena realização e expressão desse indivíduo possa ser viável para todos, que entre si convivem, que coexistem uns com os outros, bem como com o mundo à sua volta. Com isto, quando falávamos no reto da comunidade e no reto do indivíduo, talvez precisássemos acrescentar o reto do mundo. Hoje as questões ecológicas nos levam à necessidade de considerarmos que há um direito necessário a ser formulado e definido nas relações do

---

133. Entrevista inédita, feita em 1989. Gustavo Alberto Corrêa Pinto era então monge budista, professor de filosofia e consultor de empresas. Além de monge budista, ele me parecia um pensador original e criativo que teria a contribuir com uma visão diversa e arejada do Direito... Meu interesse já ia além dos programas de divulgar o Direito nas bibliotecas municipais. Hoje acredito que essa entrevista traz vários *insights* para a prática da mediação.

ser humano com o meio ambiente, na medida em que nós descobrimos que temos de assumir responsabilidades e deveres na nossa relação com o meio ambiente, tal como na relação com nossos semelhantes. E esse Direito a ser formulado na relação do ser humano com o meio ambiente vai ter de se estender inclusive para além da própria Terra, em breve, quando nós formos pensar questões como colônias na Lua. A NASA está com um projeto em andamento para exploração de recursos naturais em Marte e quando isso tudo for se atualizando nós vamos ter de assumir uma formulação de um Direito não mais internacional, mas interplanetário.

Fiquei muito feliz de ver incluída na tua pergunta a colocação da questão da importância do amor e do humor no Direito. São coisas de que eu, como cidadão, sinto falta no Direito há muito tempo. Sinto muita falta do amor no Direito e fico imaginando um cidadão – ainda não fui este cidadão, felizmente –, um ser humano como eu, que tenha de entrar numa corte de justiça. As pessoas geralmente não se sentem amadas e eu creio que, nisto, certamente todos hão de concordar comigo. Agora eu me pergunto se não há alguma coisa errada com o Direito, se os seres humanos, quando são levados às varas, não se sentem amados. Eu me perguntaria se o Direito não perdeu alguma coisa essencial quando perdeu isto: a capacidade de transmitir no seu exercício o amor ao ser humano. Qualquer que ele seja, o que quer que ele tenha feito, ele ainda é um ser humano. É um absurdo se dizer que ele é um monstro! Nele inexiste a humanidade! Mas este monstro fala, ele pensa, ele tem conosco, seres humanos, um conjunto de elementos comuns que significam, sem a menor dúvida, que seria no mínimo metafórico dizermos que ele não é humano. O que nós teríamos de fazer é perguntar onde foi parar a humanidade dele. Em algum lugar recôndito dele mesmo está a humanidade. Deve estar enterrada a um ponto tal que ele não percebe. Se eu o julgo como um desumano, junto com ele eu perdi o contato com a humanidade dele. Juízes deveriam estar um pouquinho acima dos criminosos e, se assim fosse, era preciso que o juiz fosse capaz de ver a humanidade do criminoso que, muitas vezes, o próprio criminoso não consegue ver em si. Eu não perco a esperança de existir um dia um Direito em que nas cortes de justiça existam juízes que, quando pronunciem a sentença, façam com que os criminosos chorem, não de desespero, mas de emoção de descobrir alguma coisa que eles não sabiam antes de a sentença ser proferida, alguma coisa que os esclareça, que os ajude a se recuperarem da cegueira em que estavam, não percebendo valores, não sentindo, não percebendo tanto do humano com que eles tinham perdido contato. A Justiça deveria assim ser capaz de ajudá-los a voltar a entrar em contato com isto.

Eu não perco a esperança, de um dia, mais do que temerem a justiça, as pessoas aspirem a ela. Hoje todos temem a justiça, e alguns aspiram a ela, sempre em detrimento de outros, como se a justiça fosse dar humanidade para aqueles que ganham as causas e afirmar a privação de humanidade, do reconhecimento da humanidade, para aqueles que perdem. Então, é a recuperação do amor no sentido de rigor da justiça. Quando se fala no rigor da justiça, ninguém imagina que o amor seja parte disso. Novamente, eu pergunto o que há de errado com isso. Um rigor sem amor é meio desumano e eu creio que a justiça com frequência tem se desumanizado por perder de vista a função do amor dentro dela. Agora, eu creio que com a imagem punitiva que nós temos hoje da justiça – a justiça existe para punir as pessoas quando elas erram –, todo jurista deveria se sentir insultado por uma concepção desta e deveria ser o primeiro a se erguer para defender um sentido maior para o Direito. E esse sentido maior eu acho que se insere na visão do Direito como um ideal de promoção do amadurecimento, do desenvolvimento, do crescimento dos indivíduos em coletividade. De modo que, através do Direito, eles possam compreender a possibilidade de conviver em harmonia, uns com os outros e cada um consigo mesmo. Um sentimento de poder ser ele mesmo plenamente, ao mesmo tempo em que compartilhando com outros seres, que igualmente podem ser eles mesmos, todos juntos, no interior da existência, serem humanos e tudo mais o que há no mundo, além de serem humanos, e que o Direito tem que considerar. Agora, é essencial a reparação desse papel e do sentido do amor no Direito para nós sairmos dessa imagem pesada, dura, quase implacável que existe na mente de tanta gente no mundo, certamente por alguma razão. Se nós fôssemos fazer uma enquete nas ruas e perguntar as pessoas "como é que você imagina um juiz?", ninguém provavelmente, ou pelo menos não percentuais significativos, iria incluir na resposta "o juiz é uma pessoa amorosa". Se isto não está aparecendo, acho que os juízes têm que pensar como é que eles estão sendo, como é que o Direito está sendo, que não transmite às pessoas amor. Eu incluiria nesta pesquisa também a indagação: de que cor você acha que uma corte de justiça é (não a que deve ser)? Provavelmente, o percentual de cinza seria absolutamente majoritário por sobre todas as outras cores. Eu me pergunto também se não há alguma coisa de errado num mundo que todo mundo imagina cinza, essa falta de cor, esta falta de amor que a mente das pessoas parece ter por consenso associada ao Direito. Nós poderíamos também acrescentar: o que isto está mostrando, o que é que isto está dizendo? Há uma linguagem aí, e eu acho que cabe ao Direito se perguntar, o que é que ele perdeu no meio do caminho e que resultou no fato de as pessoas assim o encararem. Certamente, mais do que alguma coisa errada com a opinião das pessoas, eu acho que há alguma coisa errada com as cortes de justiça, com o Direito, em suma. Afinal de contas, é o cinza mesmo! Afinal de contas, não se assume que, no momento em que o juiz entra para o exercício de sua função, ele deva ter como um valor primordial o amor. Eu não vejo isto sendo tematizado nas discussões sobre o Direito.

Agora, tem mais coisas faltando aí nesta história. Por exemplo, se alguém pegar o Código Civil e, ao lê-lo, rir, certamente é por ironia; não é suposto de existir nada risível ali. Um texto longo do qual não se ri – não se pode rir senão de ironia – em nenhum momento, eu acho que também perdeu alguma coisa importante ligada à esperança, porque a alegria é o sentimento que os seres humanos nutrem, quando têm esperança.

Tribunais de justiça também não são lugares onde as pessoas tenham expectativa de rir, a não ser pelo fato de terem ganhado a causa. E quando uma causa é ganha, já dizia Gandhi, que foi advogado, nós não chegamos à melhor solução, nós fracassamos em alcançar a melhor solução, que seria o acordo. Dizia Gandhi que o acordo era melhor que a vitória, num tribunal, porque quando o advogado ganha uma causa, isso quer dizer que alguém perdeu, e se alguém perdeu, isto quer dizer que as partes que em litígio foram levadas ao tribunal saíram mais afastadas do que antes. Se se consegue chegar a um acordo, isto quer dizer que as partes que entraram afastadas saíram, pelo menos, um pouco mais próximas. Gandhi tinha esta visão do amor no Direito e por isso dizia ele que, quando defendendo alguém, não é para derrotar a outra parte, é na esperança de conseguir aproximar os dois, um pouco mais do que eles estavam quando entraram ali no tribunal.

Essa é a visão de alguém com consciência de um valor primordial do amor na justiça. Infelizmente, a gente vê isto num Gandhi e, em seguida, depara com um deserto de uma aridez imensa. Me parece que hoje a função do Direito é só cumprir a lei sem nenhuma relação da lei com a condição humana de alguém. E se está faltando amor, e se está faltando humor no Direito, eu acho que está faltando muito. Não basta haver no Direito a justiça, é preciso existir a justiça com amor e preferencialmente de bom humor, para que as pessoas que tenham que enfrentar penas – e disso a justiça talvez num futuro, mesmo a longo prazo, não consiga escapar – possam recebê-las de forma amorosa. O que quer dizer de uma forma que busque ajudá-las, esclarecê-las, e não apenas subjugá-las, de uma maneira mais bem-humorada, que mostre às pessoas uma esperança, um horizonte qualquer. Eu não perco a esperança de que um dia existam juízes em prédios que já não sejam necessariamente cinzentos e aos quais as pessoas não venham tanto com o sentimento universal de medo.

Há alguma coisa errada também com o lugar ao qual todo mundo associa o medo. E as varas de justiça, para a grande maioria das pessoas, estão associadas a esse tipo de sentimento. Mas eu não perco a esperança de que algum dia a justiça signifique para os seres humanos a esperança de eles se esclarecerem mais do que antes de lá chegar. Lugar aonde eles vão para descobrir alguma coisa, que lhes será ali enviada, mostrada. E que os ajude a sair de seus impasses, a superar seus erros. Isso pode parecer um sonho impossível, mas é o sonho mínimo que o Direito tem que aspirar. Aspirar menos do que isto é restringir a sua dignidade, é reduzir o seu valor. Infelizmente, com frequência isto tem acontecido, uma justiça que se quer fria, não no sentido de ser justa, e sim no sentido de se fazer insensível. A justiça do cumprir a lei e não do aspirar, através da lei, resgatar um ser humano dos horrores em que ele às vezes cai e mergulha. O criminoso é sempre, necessariamente, a primeira vítima. Não, como querem muitos, da sociedade, mas dele mesmo, do que ele não conseguiu perceber, ou do que ele não conseguiu fazer, de outra maneira ou de outra forma. Eu acho que a ótica que o Direito precisa recuperar, ou conquistar, é a de que ele existe não para punir os seres humanos, mas para ajudar os seres humanos puníveis a conseguirem crescer em busca de uma vida mais harmônica e mais feliz para com eles mesmos, e para com seus semelhantes, coisas de que foram incapazes até a hora em que são levados à barra da justiça. Eu não sonho tanto com um mundo sem tribunais, porque não sei se esse mundo será viável. Mas eu sonho com um mundo onde tribunais sejam lugares menos cinzas, mais calorosos, de sentimento, e mais repletos de esperança. Nesses tribunais, certamente, se há de rir mais do que nos tribunais que hoje nós temos no mundo.

Sonho com um Direito que consiga recuperar a consciência de que o amor tem que ser seu fundamento, e de que o humor deva ser uma de suas virtudes, dentre outras. Nós, brasileiros, somos um povo especialmente vocacionado para isto. Porque, mais do que tantos outros povos neste mundo, parece que temos, mesmo, a virtude de sabermos rir de tudo. Rimos das tragédias, e o que acontece quando se ri das tragédias é que aprendemos a suportá-las melhor rindo do que em lamúrias. É melhor mesmo fazer piadas sobre todas as coisas, porque existem coisas tão difíceis de suportar na vida que, se nós pudermos rir um pouco, será melhor. Em meio à 2ª Guerra Mundial, quando nossos pracinhas estavam na Itália morrendo – e morreram muitos brasileiros lá no horror daquela convulsão –, uma musiquinha de Carnaval tocava durante quatro dias com as pessoas pulando, rindo e cantando: "E quando terminar o conflito / Eu quero ver o Hiroito aflito / Comendo arroz com palito".

Se há uma guerra no mundo, eu creio que a melhor coisa a fazer é uma música de carnaval sobre a guerra, porque, se nós conseguirmos fazer piada e rir, haverá pelo menos alguns tiros a menos sendo deflagrados às almas. As pessoas que são capazes de rir, nas horas em que estão rindo, não estão com o espírito bélico motivando-as. As tragédias existem, e vão existir sempre, porque a ignorância é parte da condição humana. A função do humor é tornar o fardo mais suportável. Isto é um valor extremamente positivo. Um juiz que, ao pronunciar a sentença, conseguisse fazer o réu dar uma gargalhada, para mim seria um juiz maior. Infinitamente maior que aquele que, com o semblante rijo e sério, desse uma martelada na mesa e fosse embora. Para mim, a diferença entre um e outro é entre amor e desamor. Aquele que busca fazer sorrir o réu, apesar do que ele vai ter que suportar, como quando se formulou a letra dessa música: nós estamos em guerra, os nossos filhos estão morrendo na Itália, mas a gente ainda há de rir. É sempre preciso rir, para poder viver um pouco melhor.

Existe um valor positivo, quem sabe um valor até muito sério no humor, e fico muito feliz de que pelo menos alguém de dentro da área do Direito tem uma preocupação com isto. Como creio que o Brasil tem uma vocação específica para o humor, uma dotação rara, eu não imagino que jamais na Inglaterra ou na Suécia alguém da área do Direito fosse colocar o valor e a importância do humor no Direito. Isto só pode vir dos trópicos, e nos trópicos eu creio que o Brasil é quem tem o *know-how* para isto. Afinal de contas, é porque piadas não são contabilizáveis, senão nossa economia estaria em condições muito melhores. A produção de piadas no Brasil é uma coisa extraordinária e isto é sinal de uma dotação específica do nosso povo, capaz de tornar mais leve, um pouco, coisas tão pesadas que nós temos tantas vezes de enfrentar.

É muito importante nós nos colocarmos estas questões, e nutrirmos estas aspirações, que para muitos poderão passar como uma coisa impossível. O Direito com amor e com humor, muitos dirão, é um sonho impossível, mas é preciso sonhar um sonho impossível, para que o mundo se transforme e um dia se descubra que tantas coisas que nós considerávamos impossíveis são possíveis, sim. Basta que alguém, um dia, desafie o impossível sonhando. Eu creio que é importante hoje, é vital mesmo, nos colocarmos a indagação do que é que foi faltando no Direito ao longo da sua história para que hoje ele acabasse sério, cinza e tão duro quanto ele parece ser, quando o observamos. Quando a palavra rigor perdeu conexão com o amor, será que não perdeu conexão com alguma coisa essencial da justiça, essencial do Direito?

GUILHERME – Para que tudo isto possa se realizar um dia, eu acho que o sonho, nesse sentido, é muito importante, porque ele pode resgatar aquilo de primordialmente humano que o Direito perdeu.

GUSTAVO – Exato. É o que eu acho que pode tornar o Direito, um dia, alguma coisa que a humanidade como um todo sinta como um dos seus valores maiores. Sem o amor, e sem o humor, vai ser muito difícil conseguir fazer com que todos os seres humanos tenham esta sensação, tenham esta percepção, tenham esta visão. O Direito parece estar reduzido à ação punitiva frente a determinadas transgressões, como se só restasse punir, no caso de uma transgressão, como se não existisse mais nada a fazer, como se não existisse uma função de ajuda ao ser humano, mesmo quando às vezes nós temos de puni-lo.

GUILHERME – Qual o conselho que você daria para as pessoas que fossem seguir nesta árdua tarefa de humanização do Direito, o que elas precisam carregar dentro delas para que consigam ter sucesso nesta tarefa tão importante?

GUSTAVO – O que eu sugeriria seria tentar, sempre, pensar: o que nós vamos fazer à luz do que o outro é? Eu acho que, se eu fosse um juiz, para poder julgar alguém, eu iria tentar me colocar no lugar desse alguém. Vamos pegar um exemplo radical: temos que julgar um assassino. Mais do que saber o que ele fez e como ele fez, eu tentaria perceber como ele foi levado por ele mesmo a fazer o que fez e tentar me colocar imaginativamente no lugar do outro, para poder saber como ajudá-lo a sair do impasse em que ele se colocou.

A lei que iria aplicar talvez fosse a mesma. O modo como eu iria aplicá-la é que seria diferente, se eu pudesse ter a claridade de visão de como é que um ser humano chega ao ponto de impasse em que aquele criminoso chegou e que desembocou no crime que ele cometeu. Se eu conseguisse perceber como é que ele chegou até ali, eu talvez pudesse aplicar a mesma lei, mas de outra maneira. E o modo como nós aplicamos vai ter muito a ver com o efeito que dali resultará, porque existem, sem dúvida, infinitas maneiras de enunciar a mesma pena. Algumas delas poderão resultar, para quem escuta a condenação, que ele apenas foi condenado a isto, que ele terá agora de suportar. Ou é possível, juntamente com a enunciação disto, transmitir alguma coisa que ajude aquela pessoa a perceber o que ela não tinha percebido e que eu só perceberei se conseguir recriar imaginariamente como aquele indivíduo chegou a cometer o crime que ele cometeu, entendê-lo humanamente, a partir da minha própria humanidade com ele compartilhada. Se eu realmente me preocupo, em não apenas puni-lo, mas, ainda que tendo de puni-lo, tentando ajudá-lo a crescer para uma vida mais feliz para ele mesmo, bem como para os seus semelhantes.

Eu acho que este é um sonho que vale a pena sonhar e eu espero que a partir do teu trabalho outras pessoas possam se unir ao esforço de um Direito mais alegre, mais amoroso, e que transmita sempre esperança a todas as pessoas. Àquelas que são punidas, de poderem aprender, de descobrir, de se elucidarem através do que elas estão tendo de suportar. Para aqueles que estão assistindo à punição, que possam compreender porque a punição era necessária e o que é que se almeja alcançar através dela, que não é apenas punir; é mais, é resgatar, recuperar que se está com a humanidade ali inspirando e norteando tudo que se faz. Afinal de contas, estamos lidando com seres humanos, com sentimentos, com vulnerabilidades, e somos todos humanos. Só essa consciência, com o necessário adendo do humor, que torne isto tudo um pouco mais leve do que tem sido.

Introdução a livro
Por uma Justiça Doce[134]

"O reconhecimento precede o conhecimento"
(Axel Honneth)

O livro que você tem em mãos, estimada leitora e prezado leitor, é o testemunho de um profissional e sua equipe que exercem seu ofício com amor, dedicação e cuidado. Realizando seu trabalho fazem história, pois nos mostram que a autocomposição de conflitos, por iniciativa da sociedade civil, é uma atividade possível de ser exercida no Brasil e outros países da comunidade internacional. Termino aqui esse "parágrafo de reconhecimento" a Adolfo Braga Neto e à equipe do IMAB – Instituto de Mediação e Arbitragem do Brasil e dou início a minhas reflexões.

Afirma Paul Ricoeur (1991; p. 133)[135] que a existência humana se passa entre dois extremos: o da violência e o da linguagem. Nesse sentido, é possível pensar no exercício da violência por meio da linguagem tanto quanto na possibilidade de uma linguagem não violenta. No âmbito dos relacionamentos interpessoais – em diversos momentos – deparamo-nos com essas duas formas de comunicação.

Uma fala prenhe de violência indica a ambição de uma determinada linguagem para conquistar o "império da palavra", já o estabelecimento de um ambiente dialógico cria condições favoráveis para

---

134. Texto publicado como Introdução ao livro *Mediação: uma experiência brasileira*, de Adolfo Braga Neto, publicado no 1º semestre de 2017 pela Editora CLA, cuja 2ª edição revista e ampliada foi lançada em 2019.

135. RICOEUR, Paul. *Violence et language*. In: Lectures 1 Autour du politique Paris: Éditions du Seuil, 1991, p. 131-140.

o florescer de diversas linguagens. A manutenção de um espaço público no qual discursos plurais possam vir à tona é fundamental para a promoção de uma convivência acolhedora das mais diversas maneiras de expressão da personalidade.

A construção de espaços públicos dialógicos capazes de promover uma cultura de paz, convivência e não violência é uma imperiosidade no Brasil. Um país que – de acordo com diversas pesquisas – apresenta o alarmante número de 500 homicídios por dia, sendo a maioria deles resultado de conflitos intersubjetivos.

Como efetiva e perene contribuição para construção de "espaços dialógicos", desde 1995 Adolfo Braga Neto e a equipe do IMAB percorreram 25 estados da Federação (com exceção de Maranhão e Piauí), além de outros países – com destaque para a Comunidade de Países de Língua Portuguesa –, formando mediadores e apresentando as práticas de mediação como forma qualificada de autocomposição de conflitos.

O trabalho incansável de Adolfo, da equipe do IMAB e de outras instituições parceiras, que acreditam na mediação, é um testemunho histórico da imprescindibilidade da participação da sociedade civil na emergência da mediação extrajudicial no âmbito da gestão de conflitos da sociedade brasileira. Entre diversos outros profissionais e organizações que exercem seu ofício de forma discreta e sem alarde, uma que merece ser lembrada é Celia Zaparolli, com seu projeto Íntegra (desde 1997) e outras atividades no âmbito da mediação. Junto com o autor, ela foi uma das que ajudaram a criar o FONAME – Fórum Nacional de Mediação.

Desde 1996, o IMAB tem um convênio com o Departamento Jurídico XI de Agôsto da Faculdade de Direito da USP, que atende única e exclusivamente um público de menor renda (no máximo 3 salários mínimos). Convênio semelhante foi assinado com o Escritório Modelo Dom Paulo Evaristo Arns da Faculdade de Direito da PUC-SP no ano 2000.

O fato de a experiência de mediação nesses locais já ter completado 20 anos de existência é um indicador da receptividade à prática pelo público de menor renda. Importante lembrar que temos aqui uma iniciativa duradoura de acesso à justiça e que merece uma atenção e um apoio maior da Academia.

Outro aspecto diz respeito à dupla função desse trabalho. As sessões de mediação realizadas pela equipe do IMAB podem ser assistidas por estudantes dos cursos do instituto para a etapa de estágio prático, com a exigência mínima de 80 horas de atividades. De modo que tais sessões servem a um duplo propósito, vale dizer: exercício da mediação e experiência para formação de novos mediadores. Ressalte-se que, entre os atuais supervisores do IMAB, dois passaram por essa etapa de formação.

Dessa forma, o IMAB garante a prestação do serviço de mediação ao Departamento Jurídico XI de Agôsto – de forma inteiramente gratuita –, proporcionando um espaço de prática e aperfeiçoamento constante de seus mediadores, além de viabilizar experiências de estágio supervisionado.

Deve ser lembrado que os supervisores do IMAB integram também a equipe de professores dos seus cursos de mediação. De modo que o instituto realiza mediações remuneradas ou não remuneradas e forma mediadores. O que indica um caminho a ser trilhado por outras instituições dedicadas à mediação extrajudicial no Brasil (de acordo com os artigos 21 a 23 da Lei nº 13.140/2015).

A variedade de formação e experiência de trabalho dos atuais mediadores do IMAB mostra que tanto é possível a existência da profissão de mediador, como também o exercício da prática da mediação pelos mais diversos profissionais, de forma remunerada ou não (em consonância com o artigo 9º da Lei nº 13.140/2015). Dessa forma, a mediação desponta como uma ocupação possível de ser exercida após uma capacitação teórico-prática adequada, com supervisão constante e que torne possível o despertar de "habilidades mediativas".

A ministra Nancy Andrighi, do STJ, referiu-se à mediação como a Justiça Doce (informação transmitida pelos mediadores do IMAB). A justiça doce é capaz de transformar a forma como encaramos o conflito e essa transformação é capaz de vislumbrar uma solução até então desconhecida. Doçura que deveria constar como o oitavo princípio orientador da mediação, de acordo com a Lei nº 13.140/2015, e que é uma característica marcante da atuação profissional de Adolfo Braga Neto e da sua equipe profissional.

Prefácio ao livro
Justiça Juvenil Restaurativa e Novas Formas de Solução de Conflitos[136]

O resultado final da Conferência de Nova York que tratou do tema da proteção da criança foi a elaboração da Convenção dos Direitos

---

136. Livro de Karyna Batista Sposato e Luciana Aboim Machado Gonçalves da Silva, publicado no 2º semestre de 2018 pela Editora CLA.

da Criança, que entrou em vigor no dia 02 de setembro de 1990 e foi incorporada ao ordenamento jurídico pátrio por meio do Decreto presidencial n° 99.710, de 21 de novembro de 1990.

A Convenção estabelece no seu artigo 2 que "Os Estados Partes se comprometem a assegurar à criança a proteção e o cuidado que sejam necessários para seu bem-estar (....)".

O artigo em tela é expressão cristalina da doutrina da proteção integral da criança que, posteriormente, foi incorporada pelo Estatuto da Criança e do Adolescente (Lei n° 8.069, de 13 de julho de 1990). O ECA, no seu artigo 3, reafirma, de forma categórica, referida doutrina:

> Art. 3º A criança e o adolescente gozam de todos os direitos fundamentais inerentes à pessoa humana, sem prejuízo da proteção integral de que trata esta Lei, assegurando-se-lhes, por lei ou por outros meios, todas as oportunidades e facilidades, a fim de lhes facultar o desenvolvimento físico, mental, moral, espiritual e social, em condições de liberdade e de dignidade.

No Direito brasileiro, o ECA substitui o Código de Menores (1927), baseado na antiga doutrina da situação irregular do menor. Essa doutrina do Código de Menores inviabilizava qualquer participação ativa do "menor" na resolução do seu processo judicial, uma vez que era considerado como pessoa a ser tutelada até atingir uma "situação regular", transformando-se em um maior.

A Constituição da República Federativa do Brasil – que este ano completa trinta anos – elegeu o cuidado com a criança e o adolescente como "absoluta prioridade" (art. 227, CF 1988) da sociedade brasileira. Foi esse contexto normativo concretizado pela doutrina da proteção integral que tornou possível vislumbrar práticas de autocomposição de conflitos que transformem o adolescente em protagonista da solução de seus conflitos.

A outra mudança normativa que situa o contexto normativo do livro em tela foi proporcionada pela Lei n° 13.140, de 26 de junho de 2015, a Lei de Mediação, além de diversos artigos do Novo Código de Processo Civil que possibilitam a prática de autocomposição de conflitos.

Importante lembrar que diversos segmentos da sociedade civil praticavam a mediação como forma de resolução de conflitos.[137]

Todavia, foi a partir da emergência de referidas normas jurídicas que a mediação e outras formas de autocomposição de conflitos tornaram-se um novo componente do ordenamento jurídico brasileiro.

Foi graças a essas inovações normativas que *Justiça Juvenil Restaurativa e Novas Formas de Solução de Conflitos* pôde vir a lume.

O livro é dividido em duas partes. A primeira tece "considerações introdutórias" a respeito do conflito e de suas possibilidades de resolução, dando especial ênfase à questão dos conflitos e transgressões do adolescente "em conflito com a lei".

A segunda parte apresenta um breve histórico da Justiça Restaurativa e de suas principais práticas na comunidade internacional e no Brasil, além de sugerir – de forma inédita – uma nova categoria de Justiça Restaurativa: a Justiça Juvenil Restaurativa – modalidade que dá título ao livro –, que poderá ser exercida

---

137. Consulte a esse respeito *Mediação: uma experiência brasileira*, de Adolfo Braga Neto. São Paulo: CLA, 2017.

tanto no âmbito dos espaços institucionais da Justiça da Infância e Juventude como do SINASE (Sistema Nacional de Atendimento Socioeducativo).

A inovadora proposta do livro é mais do que oportuna tanto para a Justiça Juvenil como para a Justiça Restaurativa. A combinação desses dois diversos saberes possibilita novas abordagens teóricas e práticas para novas formas de implementação do ECA e para o exercício de práticas restaurativas.

O livro só foi possível por meio do encontro entre duas professoras e pesquisadoras do Departamento de Direito da Universidade Federal de Sergipe (UFS), vale dizer: Karyna Batista Sposato e Luciana Aboim Machado Gonçalves da Silva.

Karyna se dedica desde o final da sua graduação ao estudo da Justiça Juvenil; Luciana tem estudos no âmbito do Direito do Trabalho e do Processo Civil e, nos últimos anos, tem se dedicado ao tema da mediação e autocomposição de conflitos.

Trata-se de um encontro verdadeiramente auspicioso, que já produziu seu primeiro fruto.

Concluo com a esperança de que a apreciação do presente livro torne possível ao leitor e à leitora uma mudança de mentalidade. Feito esse para o qual as autoras dão uma significativa contribuição ao oferecer esta obra à comunidade jurídica.

Apresentação de livro
Justiça, diálogo e amor[138]

"O primeiro dever do amor é ouvir".

Essa frase do pensador Paul Tillich (1886-1965) pode ser adotada como princípio de ação da equipe de supervisores e mediadores do IMAB – Instituto de Mediação e Arbitragem do Brasil, que, desde o ano de 2013 – antes de qualquer normativa referente à mediação –, é responsável pela mediação familiar junto à Terceira Vara de Família e Sucessões do Fórum do Tatuapé. O significado de amor, para o propósito deste texto, é "dedicação emotiva"[139]. Estar atento às mais diversas emoções de seus mediados e mediadas é o principal trabalho da equipe de mediação do IMAB na experiência descrita neste livro.

A atitude de atenção dedicada dos supervisores, mediadores e mediadoras torna possível a escuta ativa, que, por sua vez, é requisito para a elaboração da cartografia do conflito. Revelando os papéis das diferentes pessoas na situação do conflito, a equipe de mediação tem a possibilidade de elucidar as lógicas desiguais que, atuando de forma adversarial, constituem a própria "razão de ser" do conflito. A tentativa de transformar a maneira de encarar o conflito é o objetivo central da mediação dessa equipe.

O contexto familiar é, por excelência, o espaço do florescimento

---

138. Texto de apresentação do livro *Mediação familiar: a experiência da 3ª Vara de Família do Tatuapé*, organizado por Adolfo Braga Neto, publicado no 2º semestre de 2018 pela Editora CLA.

139. Para um estudo do amor como "dedicação emotiva", consulte HONNETH, Axel. *A Luta pelo Reconhecimento*: a gramática moral dos conflitos sociais, tradução de Luiz Repa. São Paulo: Ed. 34, 2003, em especial o capítulo 5, Padrões de Reconhecimento Intersubjetivo: Amor, Direito, Solidariedade, p.155-177.

das emoções, tanto curativas como destrutivas. Discernir as emoções e conhecer como elas podem contribuir para o processo do diálogo é o desafio cotidiano da equipe de mediação do IMAB.

Nesta apresentação, gostaria de destacar algumas peculiaridades da atividade de mediação em tela que a constituem em um exemplo a ser seguido e uma fonte de inspiração para outras boas práticas em todo o Brasil.

A primeira peculiaridade a ser ressaltada é o fato de essa equipe de mediadores e mediadoras do IMAB atuar como uma "verdadeira" câmara privada de mediação. Explicando melhor: a câmara privada de mediação está prevista no artigo 167 do Novo Código de Processo Civil (NCPC) {Lei nº 13.105/2015}. A previsão legislativa é de câmaras privadas, mediadores e conciliadores que atuem no âmbito dos Centros Judiciários de Solução de Conflitos (CEJUSCs). A equipe de mediadores atua em conjunto com a juíza titular de uma vara de família e sucessões, mas está fora do âmbito dos CEJUSCs, o que torna possível a essa equipe estabelecer seu próprio procedimento de atuação. Importante ressaltar que a equipe do IMAB deliberadamente não tem ciência dos autos do processo judicial e tem a liberdade de determinar o tempo de duração de uma reunião de mediação. Respeita as diretrizes traçadas por Joseph Folger, quando afirma que uma instituição de mediação (como o IMAB) deve assegurar que "as práticas de mediação devem preservar a autodeterminação das pessoas e o diálogo."[140] Nesse sentido, apesar de as reuniões de mediação ocorrerem no espaço físico do Fórum do Tatuapé, sua natureza jurídica não é de uma mediação judicial, pois, como visto anteriormente, não está vinculada ao CEJUSCs, confor-

---

140. FOLGER, Joseph. *A evolução e avaliação da mediação no Brasil: questões chave para analisar o projeto e a implementação da prática*, em BRAGA NETO, Adolfo. *Mediação: uma experiência brasileira*. São Paulo: CLA, 2017, p. 80.

me estabelecido pelo artigo 24 da Lei nº 13.140/2015. Todavia, é importante ressaltar que as pessoas envolvidas nesses processos de mediação não têm a possibilidade de escolha do mediador – o que contraria o procedimento da mediação extrajudicial (artigo 22, parágrafo 2, inciso III, Lei nº 13.140/2015) e está em consonância com o procedimento da mediação judicial que assevera que "(...) mediadores não estarão sujeitos a prévia aceitação das partes" (artigo 25 da mesma lei).

Defendo a ideia de que a câmara privada de mediação objeto deste estudo tem uma natureza híbrida entre mediação judicial e extrajudicial, que ilustra a possibilidade dos mais diversos arranjos institucionais possíveis entre o Poder Judiciário e instituições da sociedade civil voltadas à mediação (como o IMAB, por exemplo).[141]

A segunda peculiaridade que vale a pena destacar está relacionada às pessoas que compõem a Câmara de Mediação. A Câmara, atualmente, é formada por quarenta pessoas atuantes, entre supervisores e mediadores[142]. Todos com uma considerável experiência de vida (a maioria com mais de cinquenta anos), os integrantes da Câmara não recebem remuneração pelo trabalho realizado. No tocante à voluntariedade desse serviço, gostaria de ressaltar o fato de que, conforme testemunho da equipe, todos se sentem gratificados com o trabalho. O que significa dizer que a experiência em análise, mais do que um trabalho profissional, é considerada um "exercício de cidadania".

Esse exercício de cidadania permite aos integrantes da equipe do

---

141. Importante observar que essas questões "processuais" só existem, a partir de 2015, com o advento das leis em tela e que o trabalho da equipe do IMAB teve seu início em 2013.
142. Pela equipe do IMAB no Fórum de Tatuapé já passaram, nos últimos cinco anos, mais de setenta mediadores. No final de 2018, atuavam como supervisores Mariângela Franco Coelho, Maria Cecília Carvalho Silva Tavares, Teresa da Glória Sequeira de Godoy, Agenor Lisot e Adolfo Braga Neto.

IMAB serem reconhecidos e valorizados como cidadãos e cidadãs pelos seus pares cidadãos e cidadãs. O reconhecimento e a valorização, frutos da prática da mediação, são cruciais para essas pessoas se sentirem totalmente capazes de exercer, com plenitude, sua cidadania. O que preenche de significado sua atuação no espaço público e sua própria vida pessoal.

As qualidades da "pessoa moral" ou "sujeito capaz" são: 1) articulação de suas necessidades por meio da linguagem; 2) construção de uma narrativa coerente da própria vida; e 3) sensibilidade moral em relação ao contexto.[143] Na sua atividade de mediação, a equipe do IMAB contribui para o percurso de aperfeiçoamento moral dos mediandos. Ao serem capazes do exercício do diálogo e de compreender a lógica do outro que está em uma posição adversarial, sentem uma evolução como pessoas. Defendo a ideia de que, em uma reunião de mediação que possibilitou o exercício dialógico, todos compartilham a certeza de que se transformaram em "pessoas melhores". Isso é verdade para mediadores e mediandos...

Nesse sentido, a motivação da equipe de mediadores é o aperfeiçoamento moral. Da pausa na padaria da esquina do Fórum do Tatuapé, para a compra dos quitutes e café – alimento do intervalo da mediação –, à escolha da palavra mais adequada para possibilitar o florescer do diálogo com os mediandos, todos esses atos, por mais singelos que sejam, integram a verdadeira saga da mediação. Simples como resultado, complexo como construção.

Sendo a motivação da equipe do IMAB o aperfeiçoamento moral, o meio usado é o mais íntegro respeito à singularidade de cada pessoa, e o objetivo buscado é a Justiça. Justiça entendida como

---

143. HONNETH, Axel. *Decentered autonomy: the subject after the Fall*, p. 188, em Disrespect: the normative foundations of Critical Theory. Cambridge: Polity Press, 2007, p. 180-193.

processo de reconhecimento da pessoa. Importa enfatizar que só a pessoa que tem a integridade moral afirmada possui respeito por si própria, sendo capaz do exercício do diálogo.

Para concluir, uma derradeira observação. O Direito no âmbito da atividade de mediação da equipe do IMAB na 3ª Vara de Família e Sucessões do Fórum do Tatuapé não é, em absoluto, parte da dogmática jurídica do ordenamento jurídico pátrio. E, sim, o Direito enquanto "disciplina da convivência humana" (palavras de Goffredo Telles Jr.).

Para o disciplinamento da convivência, é imprescindível o diálogo. O diálogo, ao tornar possível o pleno respeito à pessoa, oferece uma direção ao exercício de direitos.

> "É justamente para garantir que o dado da existência seja reconhecido e não resulte apenas do imponderável da amizade, da simpatia ou do amor no estado de natureza, que os direitos são necessários."[144]

---

144. LAFER, Celso. *A Reconstrução dos Direitos Humanos: um diálogo com o pensamento de Hannah Arendt*. São Paulo: Companhia das Letras, 1988, p. 153.

Referências bibliográficas

ALVIM, Francisco. *Poemas (1968-2000)*. São Paulo: Cosac & Naify: Rio de Janeiro: 7 Letras, 2004. (Coleção Ás de colete, v.8).

ARENDT, Hannah. *Sobre a violência*. Tradução de André Duarte. Rio de Janeiro: Relume Dumará, 1994.

_____ *Origens do Totalitarismo*. Tradução de Roberto Raposo. São Paulo: Companhia das Letras, 1998.

_____ *A condição humana*. Tradução de Roberto Raposo, Revisão e apresentação de Adriano Correia, 11ª edição. Rio de Janeiro: Forense Universitária, 2010.

ARNAUD, André Jean. *Dicionário Enciclopédico de Teoria e de Sociologia do Direito*. Direção da tradução para a língua portuguesa: Vicente de Paulo Barreto. Rio de Janeiro: Renovar, 1999.

ASSIS DE ALMEIDA, Guilherme. *Direitos Humanos e Não Violência*. São Paulo: Editora Atlas, 2001.

_____ e PINHEIRO, Paulo Sérgio. *Violência Urbana*. São Paulo: Publifolha (Folha Explica n. 57), 2003.

BARBOSA MOREIRA, José Carlos. O Direito à Assistência Jurídica: Evolução no Ordenamento Brasileiro de nosso tempo. In: *Revista de Processo* número 67, 1992, p. 124-134.

BARENDRECHT, Maurits, e VAN NISPEN, Patrícia. *Microjustice*. http:/ ssrn.com/abstract=1022936. 2007.

_____ e DE LANGEN, Maaike. Legal empowerment of the Poor: Innovating Access to Justice. In: *The State Of Access Success and Failure of Democracies to Create Equal Opportunities*, p.250 a 271. Ash Institute For Democratic Governance and Innovation. Harvard University/ Brookings Institution Press, Washington DC, 2008.

BAUMAN, Zygmunt. *Amor líquido*: sobre a fragilidade dos laços humanos. Tradução de Carlos Alberto Medeiros. Rio de Janeiro: Jorge Zahar, 2004.

_____. *Bauman sobre Bauman*. Diálogos com Keith Tester. Tradução de Carlos Alberto Medeiros. Rio de Janeiro: Zahar, 2011.

BOBBIO, Norberto. *A era dos direitos*. Tradução de Carlos Nelson Coutinho. Rio de Janeiro: Campus, 1992.

_____. *Terceiro Ausente*. Ensaios e Discursos sobre a Paz e a Guerra. São Paulo: Editora Manole e Centro de Estudos Norberto Bobbio, 2009.

BUSH, Robert A. Baruch; FOLGER, Joseph Patrick. *The Promise of Mediation*. São Francisco: Josey Bass, 2005.

BYRNE, David. *Diários da Bicicleta.* Tradução de Otavio Albuquerque, Anna Lim e Fabiana de Carvalho. Barueri (SP): Manole, 2010.

CAPPELLETTI, Mauro; GARTH, Bryant. *Acesso à Justiça.* Tradução de Ellen Gracie Northfleet. Porto Alegre: Sergio Antonio Fabris Editor, 1988.

CAPPELLETTI, Mauro. Problemas de Reforma do Processo nas Sociedades Contemporâneas. In: *Revista Forense*, volume 318 (Abril/Maio/Junho – 1992), p. 120-128, Rio de Janeiro: Companhia Editora Forense.

CARBASSE, Jean-Marie. *Histoire du Droit.* 2a edição corrigida. Paris: PUF, 2010, Coleção "Que Sais Je?".

CHARLES, Sébastien. O indivíduo paradoxal: introdução ao pensamento de Gilles Lipovetsky. In: LIPOVETSKY, Gilles. *Os Tempos Hipermodernos*. Tradução de Mário Vilela. São Paulo: Barcarolla, 2004.

COMPARATO, Fabio Konder. *A Afirmação Histórica dos Direitos Humanos*. Terceira edição revista e ampliada. São Paulo: Saraiva, 2003.

COSER, Lewis. *The Functions of Social Conflict*. New York: The Free Press, 1956.

_____. *Nuevos aportes a la teoria del conflicto social*. Tradução Maria Rosa Viganó. Buenos Aires: Amorrortu, 1967.

COSTA, Pietro; ZOLO, Danilo (orgs.). *O Estado de Direito. História, Teoria, Crítica*. Tradução de Carlos Alberto Dastoli. São Paulo: Martins Fontes, 2006.

DANTAS, San Tiago. *O Conflito de Vizinhança e sua composição*. Rio de Janeiro, 1939.

DUMONT, Louis. *Essais sur l'individualisme*. Une Perspective Anthropologique sur l'ideologie moderne. Paris: Gallimard Folio Essais n. 230, 1991.

FAGET, Jacques. *Médiations*. Les Ateliers silencieux de la démocratie. Toulouse: Editions Erès, collection Trajets, 2010.

_____. Accès au droit et pratiques citoyennes. Les métamorphoses d'un combat social. In: *Pratiques Citoyennes de droit*. Laboratoire d'anthropologie juridique de Paris, UMR de droit comparé Paris I. Paris: Editions Karthala, 2011, p.21 a 40.

FIGUEIREDO, Isabela. *Caderno de Memórias Coloniais*. São Paulo: Todavia, 2018.

FRANCIONI, Francesco (Ed.). *Access to Justice as a Human Right*. Academy of European Law/ European University Institute: Oxford University Press, 2007.

_____. The Rights of Access to Justice under Customary International Law. In: FRANCIONI, Francesco (Ed.) *Access to Justice as a Human Right*. Academy of European Law/ European University Institute: Oxford University Press, 2007, p. 1 a 56.

FRUG, E. G. *Relatório Mundial sobre violência e Saúde*. Brasília: OMS/ OPAS/PNUD/Secretaria de Estado dos Direitos Humanos, 2002.

GALLIGAN, D.J. *Process and fair procedures – a study of administrative procedures*. Oxford: Oxford University Press, 1997.

GARCÍA, Angeles Mateos. *A teoria dos valores de Miguel Reale* (Fundamento de seu tridimensionalismo jurídico). Tradução de Talia Bugel. São Paulo: Saraiva, 1999.

GARGARELLA, Roberto. *As Teorias da Justiça depois de Rawls*. Um breve manual de Filosofia Política. Tradução de Alonso Reis Freire. São Paulo: WMF Martins Fontes, 2008.

GAUCHET, Marcel, VII. Le Retour de l'individu de droit. In: *L'avènement de la démocratie*, Vol II Paris: Éditions Gallimard, 2007, p. 257-298.

GUILLAUME-HOFNUNG, Michèle. *La Médiation*. Paris: Presses Universitaires de France (PUF), 1995.

HARTOGH, Govert den. The Architectonic of Michael Walzer's theory of justice. In: *Political Theory*, Vol. 27, n. 4 (Agosto, 1999), p. 491-522.

HONNETH, Axel. *Luta por Reconhecimento – A Gramática Moral dos Conflitos Sociais*. São Paulo: Editora 34, 2003.

_____ Justiça e Liberdade Comunicativa. Reflexões em Conexão com Hegel. In: *Revista Brasileira de Estudos Políticos* n. 89, Jan.-Jun. 2004, p. 100-120.

_____ Decentered Autonomy: The Subject after the Fall. In: *Disrespect The Normative Foundations of Critical Theory*. Cambridge: Polity Press, 2007.p.180-193.

HUMAN RIGHTS TRAINING: A Manual on Human Rights Training Methodology. United Nations publication, Sales No. E.00.XIV.1.

HUNT, Lynn. *A Invenção dos Direitos Humanos – uma história*. Tradução de Rosaura Eichenberg. São Paulo: Companhia das Letras 2009.

JUNQUEIRA, Eliane Botelho. Acesso à Justiça: um olhar retrospectivo. In: *Revista Estudos Históricos*, n. 18, 1996.

KALSHOVEN, Frits; ZEGVELD, Liesbeth. *Constraints on the Waging of War*. 3ª edição. Genebra: Comitê Internacional da Cruz Vermelha, 2007.

KAUFMANN, A.; HASSEMER, W. (orgs.). *Introdução à Filosofia do Direito e à Teoria do Direito Contemporâneas*. Tradução de Marcos Keel e Manuel Seca de Oliveira. Lisboa. Fundação Calouste Gulbenkian, 2002.

LAFER, Celso. *A Reconstrução dos Direitos Humanos – um Diálogo com o Pensamento de Hannah Arendt*. São Paulo: Companhia das Letras, 1988.

LIMA, Renato Sérgio de. *Conflitos Sociais e criminalidade urbana*: uma análise dos homicídios cometidos no município de São Paulo. São Paulo: Sicurezza, 2002.

LIPOVETSKY, Gilles. *A Cultura Mundo*: Resposta a uma sociedade desorientada. Tradução de Maria Lucia Machado. São Paulo: Companhia das Letras, {2008} 2011.

_____. *Os Tempos Hipermodernos*. Tradução de Mário Vilela. São Paulo: Barcarolla, 2004.

MACDONALD, Roderick e SAVOIE, Pierre-Olivier. Une phénoménologie des modes alternatifs de resolutions de conflits: resultat, processus et symbolisme. In: EBEHARD, Christophe; VERNICOS, Geneviève. *La Quête Anthropologique du droit autour de la démarche d'Étienne Le Roy*. Paris: Karthala, 2006, p. 291-307.

MAKING THE LAW WORK FOR EVERYONE, volume I. *Report on the Comission on Legal Empowerment of the Poor and United Nations Development Program*. New York, 2008.

MANCUSO, Rodolfo de Camargo. *A Resolução dos Conflitos e a Função Judicial no Contemporâneo Estado de Direito*. São Paulo: Revista dos Tribunais, 2009.

MAR, Fréderic e PERDEREAU Fréderic. *La Justice:un droit pour tous?* Paris: Le Cavalier Bleu, 2009.

MATTA, Roberto da. *Fé em Deus e Pé na tábua ou como e por que o trânsito enlouquece no Brasil*, com João Gualberto M. Vasconcellos e Ricardo Pandolfi. Rio de Janeiro: Rocco, 2010.

MONACO, Gustavo Ferraz de Campos. *A Proteção da Criança no Cenário Internacional*. Belo Horizonte: Del Rey, 2005.

MORINEAU, Jacqueline. *L'esprit de la médiation*. Toulouse: Eres, 2010, coleção Trajets.

NATIONAL HUMAN RIGHTS INSTITUTIONS. *History, principles, roles and responsibilities*. Professional Training Series n. 4 (rev.1). New York e Genebra, 2010.

NÓBREGA LUCCAS, Victor; TAVELA LUIS, Daniel; ZAHR FILHO, Sergio. Uma justiça de olhos abertos para a modernidade. *Revista Custo Brasil,* São Paulo, ano 5, n. 29, out/nov 2010, p. 20-28.

PAREKH, Bhikhu. *Hannah Arendt & The Search for a New Political Philosophy*. New Jersey: Humanities Press, 1981.

PETIT ROBERT 1. Rédaction dirigée par A. Rey e J. Rey-Debove. Paris: Le Robert, 1984.

PINHEIRO, Paulo Sérgio (coord.). *Estudo do Secretário Geral da ONU sobre Violência contra a criança* (www.unviolencestudy.org). Brasília : Secretaria Especial dos Direitos Humanos e PNUD, 2007.

_____ Autoritarismo e Transição. *Revista da USP*, São Paulo, n. 9, 37-44, mar/abril/maio 1991.

PINHEIRO, Vanessa Ferreira. *A função da defensoria pública na difusão e conscientização dos direitos humanos, da cidadania e do ordenamento jurídico.* Tese de láurea apresentada à Faculdade de Direito da Universidade de São Paulo, 2010.

RANIERI, Nina Beatriz Stocco. *O Estado Democrático de Direito e o sentido da exigência de preparo da pessoa para o exercício da cidadania, pela via da educação.*Tese de livre-docência apresentada à Faculdade de Direito da Universidade de São Paulo, 2009.

RAWLS, John. *Uma Teoria da Justiça.* Tradução de Jussara Simões.São Paulo: Martins Fontes , 2008.

RAZ, Joseph. *Valor, Respeito e Apego.* Tradução de Vadim Nikitin. São Paulo: Martins Fontes, (2001)2004.

REALE Miguel. A Civilização do Orgasmo. In: *Paradigmas da Cultura Contemporânea.* São Paulo: Saraiva, 1996. p.131-143.

REDGWELL, Catherine. Access to Environmental Justice. In: FRANCIONI, Francesco (Ed.). *Access to Justice as a Human Right.* Academy of European Law/ European University Institute: Oxford University Press, 2007, p. 153 a 176.

RICOEUR, Paul. *Parcours de la Recoinnassance.* Trois études. Paris: Gallimard Folio Essais n. 459, 2007.

_____. *O Justo 1.* Tradução de Ivone C. Benedetti. São Paulo: WMF Martins Fontes, 2008.

_____. Violence et language. In: *Lectures 1 Autour du politique.* Paris: Éditions du Seuil, 1991, p. 131-140.

ROYER, Jean-Pierre; JEAN, Jean-Paul; DURAND, Bernard: DERASSE, Nicolas; DUBOIS, Bruno. *Histoire de la Justice en France du XVIII siècle a nos jours.* 4ª edição revista e ampliada. Paris: PUF, 2010.

SAAVEDRA, Giovani Agostinho. Violência e Reificação. Linhas fundamentais da criminologia do reconhecimento. *Boletim do Instituto Brasileiro de Ciências Criminais* n. 198. São Paulo: IBCCrim, maio-2009.

SABATO, Ernesto. *La Resistencia.* Buenos Aires: Seix Barral, 2006.

SEN, Amartya. *Desenvolvimento como liberdade.* Tradução de Laura Teixeira Mota. São Paulo: Companhia das Letras, 2000.

_____. *The Idea of Justice.* London: Penguin Books, 2010.

SIMMEL, George. *Conflict and the Web of Group Affiliations.* New York: The Free Press, (1964, 1ª ed.), 1995 (Kindle edition).

SINHORETTO, Jacqueline. *Ir aonde o povo está: etnografia de uma Reforma da Justiça.* Tese de Doutorado em Sociologia apresentada à Faculdade de Filosofia, Letras e Ciências Humanas da Universidade de São Paulo, 2006.

STORSKRUBB, Eva; ZILLER, Jacques. Access to Justice in European Comparative Law. In: FRANCIONI, Francesco (Ed.). *Access to Justice as a Human Right.* Academy of European Law/ European University Institute: Oxford University Press, 2007 p. 177 a 204.

SUPIOT, Alain. *Homo Juridicus.* Ensaio sobre a Função Antropológica do Direito. Tradução de Maria Ermantina de Almeida Prado Galvão. São Paulo: WMF Martins Fontes, 2007.

TELLES JUNIOR, Goffredo. *Palavras do amigo aos estudantes de direito.* Bosquejos extra-curriculares proferidos no escritório do professor em 2002. São Paulo: Juarez de Oliveira, 2003.

TREVISAN, João Silvério. *Pai, Pai.* São Paulo: Alfaguara, 2017

TRIGEAUD, Jean-Marc. La personne. In: *Archives de Philosophie du Droit,* tomo 34, Le Sujet de Droit.Paris: Editions Sirey, p.120.

WALZER, Michael. *As Esferas de Justiça.* Uma Defesa do Pluralismo e da Igualdade. Tradução de Jussara Simões. Revisão técnica e da tradução de Cícero Romão Dias Araújo. São Paulo: Martins Fontes, 2003.

ZOLO, Danilo. Teoria e crítica do Estado de Direito. In: COSTA, Pietro; ZOLO, Danilo (orgs.). *O Estado de Direito.* História, Teoria, Crítica. Tradução de Carlos Alberto Dastoli. São Paulo: Martins Fontes, 2006.